中国农业统计资料

2011

中华人民共和国农业部　编

中国农业出版社

图书在版编目（CIP）数据

中国农业统计资料．2011/中华人民共和国农业部编．—北京：中国农业出版社，2012.9
ISBN 978-7-109-17208-1

Ⅰ．①中…　Ⅱ．①中…　Ⅲ．①农业统计-统计资料-中国-2011　Ⅳ．①F322-66

中国版本图书馆 CIP 数据核字（2012）第 227441 号

中国农业出版社出版
（北京市朝阳区农展馆北路 2 号）
（邮政编码：100125）
（电子信箱：njcbzx@agri.org.cn）
责任编辑　吴洪钟

中国农业出版社印刷厂印刷　　新华书店北京发行所发行
2012 年 9 月第 1 版　2012 年 9 月北京第 1 次印刷

开本：720mm×960mm　1/16　　印张：13.5
字数：300 千字　　印数：1~2 000 册
定价：50.00 元

主　　编： 陈晓华

副 主 编： 张玉香　张合成

编　　委： 陈丽水　王衍亮　曾衍德　胡乐鸣
王宗礼　杨振海　叶长江　张天佐
赵兴武　贾广东

编辑人员： 李韶民　陈冬冬　曹　洋　项　宇
王家忠　辛国昌　王晓红　胡玉玲
李增杰　李春艳　袁晓初　张伟民
李建珠　邓　飞　陈恭军

编 者 说 明

一、《中国农业统计资料》是一本反映我国农业农村经济的综合性统计资料工具书。为及时满足社会各界人士了解我国农业和农村经济发展情况的需要，《中国农业统计资料》收录了2011年度全国农村经济主要统计数据和种植业、畜牧业、饲料工业、渔业、乡镇企业、农垦、农机、农村能源、农村经营管理情况、农业自然灾害等资料，同时简要列出2000年以来的历史资料。

二、各类全国性数据未包括香港、澳门特别行政区和台湾省数据。

三、由于小数位调整而产生的数据计算差异未作机械调整。“…”表示数据不足本表最小单位数，“#”表示其中的主要项。

四、本书是系列图书，每年出版一本，公开发行。

目　　录

一、综合

二、种植业

三、畜牧业

四、饲料工业

五、渔业

六、乡镇企业

七、农垦

八、农机

九、农村能源

十、农村经营管理情况

十一、农业自然灾害

一、综　　合

全国农村基层组织和农业基本情况（一）

项　　目	单　位	2000 年	2005 年	2010 年	2011 年
农村基层组织					
乡镇个数	个	43 735	35 509	33 981	33 270
镇个数	个	19 692	18 888	19 410	19 683
村委会个数	个	743 715	640 139	594 658	589 874
乡村人口和从业人员					
乡村户数	万户	24 148.5	25 222.4	26 384.6	26 607.0
乡村人口数	万人	92 819.7	94 907.6	96 618.9	97 013.7
乡村从业人员数	万人	47 962.5	50 387.3	53 244.0	53 685.4
按性别分	万人				
男	万人	25 518.1	26 930.9	28 573.6	28 752.1
女	万人	22 444.4	23 456.6	24 670.4	24 933.4
按国民经济行业分	万人				
农业	万人	32 797.6	29 975.8	27 694.8	27 355.4
工业	万人	4 108.7	6 011.4	8 590.0	
建筑业	万人	2 691.0	3 653.4	4 953.9	
交运仓储及邮电通讯业	万人	1 170.8	1 433.4	1 755.4	
批零贸易及餐饮业	万人	1 751.7	2 937.9	4 003.9	
其他行业	万人	5 442.0	6 376.2	6 245.9	
农民人均纯收入	元	**2 253.4**	**3 254.9**	**5 919.0**	**6 977.3**
耕地面积	千公顷				**121 716.0**
农作物总播种面积	千公顷	**156 423.6**	**155 487.2**	**160 674.8**	**162 283.2**
粮食作物	千公顷	108 462.7	104 278.5	109 876.1	110 573.0
谷物	千公顷	85 264.1	81 874.0	89 850.6	91 015.8
豆类	千公顷	12 660.1	12 901.5	11 275.7	10 651.4
薯类	千公顷	10 538.5	9 503.0	8 749.7	8 905.8
油料作物	千公顷	15 400.4	14 318.0	13 889.6	13 855.1
棉花	千公顷	4 041.2	5 061.9	4 848.7	5 037.8
麻类	千公顷	261.9	334.9	132.7	118.3
糖类	千公顷	1 514.3	1 564.5	1 905.0	1 947.8

注：耕地面积为 2008 年数据，来源于国土资源部。

全国农村基层组织和农业基本情况（二）

项　目	单　位	2000 年	2005 年	2010 年	2011 年
烟叶	千公顷	1 437.4	1 363.2	1 344.6	1 461.4
药材	千公顷	675.6	1 213.3	1 242.0	1 385.2
蔬菜	千公顷	15 236.5	17 720.7	18 999.9	19 639.2
瓜果类	千公顷	2 044.7	2 207.8	2 389.4	2 389.3
其他作物	千公顷	7 349.1	7 424.4	6 046.8	5 876.2
茶园面积	**千公顷**	**1 089.1**	**1 352.1**	**1 970.1**	**2 112.6**
果园面积	**千公顷**	**8 931.8**	**10 035.2**	**11 544.0**	**11 830.6**
受灾面积	**千公顷**	**54 547**	**38 818.1**	**37 425.9**	**32 470.5**
成灾面积	**千公顷**	**34 298**	**19 966.1**	**18 538.1**	**12 441.3**
绝收面积	**千公顷**	**10 137**	**4 597.4**	**4 863.2**	**2 891.7**
农林牧渔业总产值	**亿元**	**24 915.8**	**39 450.9**	**69 319.8**	**81 303.9**
农业	亿元	13 873.6	19 613.4	36 941.1	41 988.6
林业	亿元	936.5	1 425.5	2 595.5	3 120.7
牧业	亿元	7 393.1	13 310.8	20 825.7	25 770.7
渔业	亿元	2 712.6	4 016.1	6 422.4	7 568.0
农林牧渔业增加值	**亿元**	**14 628.2**	**23 070.4**	**40 533.6**	**47 486.1**
农业	亿元	8 703.6	12 758.5	23 684.5	27 042.8
林业	亿元	662.3	975.5	1 744.2	2 089.2
牧业	亿元	3 638.5	6 506.9	10 022.1	12 431.4
渔业	亿元	1 623.8	2 327.2	3 903.8	4 590.0
主要农作物产量					
粮食作物	万吨	46 217.5	48 402.4	54 647.7	57 120.8
谷物	万吨	40 522.3	42 776.5	49 637.1	51 939.4
豆类	万吨	2 009.9	2 157.9	1 896.5	1 908.4
薯类（折粮）	万吨	3 685.4	3 468.0	3 114.1	3 273.0
油料	万吨	2 954.8	3 077.1	3 230.1	3 306.8
棉花	万吨	441.7	571.4	596.1	658.9
麻类	万吨	52.9	110.5	31.7	29.6
糖类	万吨	7 635.3	9 451.9	12 008.5	12 516.5
茶叶	万吨	68.3	93.5	147.5	162.3

注：2011 年农林牧渔业总产值和增加值数据由国家统计局提供。

全国农村基层组织和农业基本情况（三）

项　　目	单　位	2000 年	2005 年	2010 年	2011 年
水果	万吨	6 225.1	8 835.5	12 865.3	14 083.3
烟叶	万吨	255.2	268.3	300.4	313.2
蔬菜	万吨	42 399.7	56 451.5	65 099.4	67 929.7
瓜果类	万吨	5 887.9	7 284.6	8 536.2	8 684.9
畜产品产量					
肉类产量	万吨	6 125.4	7 743.1	7 925.8	7 957.8
猪肉	万吨	4 031.4	5 010.6	5 071.2	5 053.1
牛肉	万吨	532.8	711.5	653.1	647.5
羊肉	万吨	274.0	435.5	398.9	393.1
禽肉	万吨	1 207.5	1 464.3	1 656.1	1 708.8
奶类	万吨	919.1	2 864.8	3 748.0	3 810.7
牛奶	万吨	827.4	2 753.4	3 575.6	3 657.8
蜂蜜	万吨	24.6	29.3	40.1	43.1
禽蛋	万吨	2 243.3	2 879.5	2 762.7	2 811.4
山羊毛	万吨	3.3	3.7	4.3	4.4
绵羊毛	万吨	29.3	39.3	38.7	39.3
蚕茧	万吨	54.8	78.0	87.3	91.6
水产品产量	**万吨**	**4 279.0**	**5 101.7**	**5 373.0**	**5 603.2**
海水产品	万吨	2 538.7	2 838.1	2 797.5	2 908.0
鱼类	万吨	1 032.7	1 038.8	906.3	960.4
甲壳类	万吨	297.0	324.1	310.4	321.8
贝类	万吨	1 038.9	1 156.1	1 170.4	1 212.8
藻类	万吨	122.2	154.2	156.6	162.9
头足类	万吨		103.0	65.8	69.5
其他类	万吨	47.9	62.0	76.3	65.8
淡水产品	万吨	1 740.3	2 263.6	2 575.5	2 695.2
鱼类	万吨	1 578.7	2 009.4	2 225.6	2 343.7
甲壳类	万吨	86.0	163.8	248.1	248.8
贝类	万吨	48.0	54.0	53.8	53.9
藻类	万吨		0.6	1.0	0.7
其他类	万吨	27.6	35.9	46.9	48.1

注：水果指园林水果。

全国农村基础设施和农业主要物资消耗

项　目	单　位	2000 年	2005 年	2010 年	2011 年
农村基础设施					
自来水受益村数	个		356 953	424 996	438 443
通汽车村数	个		617 609	597 191	594 583
通电话村数	个		606 549	595 858	593 647
乡村办水电站数	个	29 962	26 726	44 815	45 151
装机容量	万千瓦	698. 5	1 099. 5	5 924. 0	6 212. 3
发电量	亿千瓦时	205. 0	348. 4	2 044. 4	1 756. 7
农业机械拥有量					
农业机械总动力	万千瓦	52 316. 8	68 549. 3	92 780. 5	97 734. 7
大中型拖拉机	万台	97. 0	139. 6	392. 2	440. 6
大中型拖拉机动力	万千瓦	3 143. 2	4 315. 7	11 167. 0	12 850. 2
小型拖拉机	万台	1 276. 7	1 539. 8	1 785. 8	1 815. 2
小型拖拉机动力	万千瓦	11 783. 9	14 796. 2	17 278. 4	17 421. 0
大中型拖拉机配套农具	万部	139. 9	226. 7	612. 9	699. 0
小型拖拉机配套农具	万部	1 797. 8	2 479. 7	2 992. 5	3 062. 0
农用排灌动力机械	万台	1 483. 4	1 752. 7	2 159. 3	2 284. 1
农用排灌机械动力	万千瓦	10 262. 1	11 770. 9	14 026. 3	14 486. 5
联合收获机数量	万台	26. 5	47. 7	99. 2	111. 4
农用运输车数量	万台	779. 5	1 199. 4	1 361. 4	1 381. 5
农业主要能源及物资消耗					
农村用电量	亿千瓦时	2 421. 3	4 375. 7	6 632. 3	7 139. 6
农用柴油使用量	万吨	1 405. 0	1 902. 8	2 023. 1	2 057. 4
农用塑料薄膜使用量	万吨	133. 5	176. 2	217. 3	229. 5
地膜使用量	万吨	72. 2	95. 9	118. 4	124. 5
地膜覆盖面积	千公顷	10 624. 8	13 518. 4	15 595. 6	19 790. 5
农药使用量	万吨	128. 0	146. 0	175. 0	178. 7
农用化肥施用量					
（按折纯法计算）	万吨	4 146. 3	4 766. 2	5 561. 0	5 704. 2
氮肥	万吨	2 161. 6	2 229. 7	2 353. 7	2 381. 4
磷肥	万吨	690. 5	743. 8	805. 6	819. 2
钾肥	万吨	376. 6	489. 8	586. 4	605. 1
复合肥	万吨	917. 7	1 303. 6	1 798. 5	1 895. 1
农田水利建设					
有效灌溉面积	千公顷	53 820. 5	55 029. 4	60 378. 0	61 681. 6
旱涝保收面积	千公顷	38 336. 4	40 236. 7	42 894. 8	43 383. 4
机电排灌面积	千公顷	35 954. 3	36 715. 6	40 760. 2	41 464. 7

农业经济在国民经济中的地位

单位:%

年份	乡村就业人员占全社会就业人员比重	第一产业从业人员占社会从业人员的比重	第一产业增加值占国内生产总值的比重	农村消费品零售额占全社会消费品零售额的比重	农林水事务支出占国家财政支出的比重	农产品进口额占进口总额的比重	农产品出口额占出口总额的比重
1978	76.3	70.5	28.2	67.6	13.4		
1980	75.2	68.7	30.2	65.7	12.2		
1985	74.3	62.4	28.6	56.5	7.7	12.1	24.5
1990	73.7	60.1	27.1	53.1	10.0	16.1	17.2
1991	73.3	59.7	24.5	51.9	10.3	13.7	15.8
1992	73.0	58.5	21.8	50.2	10.1	12.0	14.5
1993	72.7	56.4	19.7	42.0	9.5	8.1	13.7
1994	72.3	54.3	19.8	40.6	9.2	10.8	12.9
1995	72.0	52.2	19.9	40.0	8.4	9.3	9.4
1996	71.1	50.5	19.7	39.6	8.8	7.1	8.4
1997	70.2	49.9	18.3	39.0	8.3	7.0	8.2
1998	69.4	49.8	17.6	38.9	10.7	7.0	7.5
1999	68.6	50.1	16.5	38.7	8.2	5.0	6.9
2000	67.9	50.0	15.1	38.2	7.8	5.0	6.3
2001	66.9	50.0	14.4	37.4	7.7	4.9	6.0
2002	65.7	50.0	13.7	35.8	7.2	4.2	5.6
2003	64.4	49.1	12.8	35.0	7.1	4.6	4.9
2004	63.2	46.9	13.4	33.3	9.7	5.0	3.9
2005	62.0	44.7	12.1	32.9	7.2	4.3	3.6
2006	60.5	42.6	11.1	32.5	7.9	4.0	3.2
2007	58.9	40.8	10.8	32.3	6.8	4.3	3.0
2008	57.5	39.6	10.7	30.3	7.3	5.1	2.8
2009	56.1	38.1	10.3	32.8	8.8	5.2	3.3
2010	54.4	36.7	10.1	31.9	9.0	5.2	3.1
2011	53.0	34.8	10.1	31.8	9.1	5.4	3.2

注：农林水事务支出2006年以前年份为农业支出。

各地区农民人均纯收入

单位：元

地区	人均纯收入					2011年比2010年增加
	2000年	2005年	2007年	2010年	2011年	
全国人均	**2 253.4**	**3 254.9**	**4 140.4**	**5 919.0**	**6 977.3**	**1 058.3**
北　京	4 604.6	7 346.3	9 439.6	13 262.3	14 735.7	1 473.4
天　津	3 622.4	5 579.9	7 010.1	10 074.9	12 321.2	2 246.4
河　北	2 478.9	3 481.6	4 293.4	5 958.0	7 119.7	1 161.7
山　西	1 905.6	2 890.7	3 665.7	4 736.3	5 601.4	865.1
内蒙古	2 038.2	2 988.9	3 953.1	5 529.6	6 641.6	1 112.0
辽　宁	2 355.6	3 690.2	4 773.4	6 907.9	8 296.5	1 388.6
吉　林	2 022.5	3 264.0	4 191.3	6 237.4	7 510.0	1 272.5
黑龙江	2 148.2	3 221.3	4 132.3	6 210.7	7 590.7	1 380.0
上　海	5 596.4	8 247.8	10 144.6	13 978.0	16 053.8	2 075.8
江　苏	3 595.1	5 276.3	6 561.0	9 118.2	10 805.0	1 686.7
浙　江	4 253.7	6 660.0	8 265.2	11 302.6	13 070.7	1 768.1
安　徽	1 934.6	2 641.0	3 556.3	5 285.2	6 232.2	947.0
福　建	3 230.5	4 450.4	5 467.1	7 426.9	8 778.6	1 351.7
江　西	2 135.3	3 128.9	4 044.7	5 788.6	6 891.6	1 103.1
山　东	2 659.2	3 930.5	4 985.3	6 990.3	8 342.1	1 351.9
河　南	1 985.8	2 870.6	3 851.6	5 523.7	6 604.0	1 080.3
湖　北	2 268.6	3 099.2	3 997.5	5 832.3	6 897.9	1 065.6
湖　南	2 197.2	3 117.7	3 904.2	5 622.0	6 567.1	945.1
广　东	3 654.5	4 690.5	5 624.0	7 890.3	9 371.7	1 481.5
广　西	1 864.5	2 494.7	3 224.1	4 543.4	5 231.3	687.9
海　南	2 182.3	3 004.0	3 791.4	5 275.4	6 446.0	1 170.6
重　庆	1 892.4	2 809.3	3 509.3	5 276.7	6 480.4	1 203.7
四　川	1 903.6	2 802.8	3 546.7	5 086.9	6 128.6	1 041.7
贵　州	1 374.2	1 877.0	2 374.0	3 471.9	4 145.4	673.4
云　南	1 478.6	2 041.8	2 634.1	3 952.0	4 722.0	770.0
西　藏	1 330.8	2 077.9	2 788.2	4 138.7	4 904.3	765.6
陕　西	1 443.9	2 052.6	2 644.7	4 105.0	5 027.9	922.9
甘　肃	1 428.7	1 979.9	2 328.9	3 424.7	3 909.4	484.7
青　海	1 490.5	2 151.5	2 683.8	3 862.7	4 608.5	745.8
宁　夏	1 724.3	2 508.9	3 180.8	4 674.9	5 410.0	735.1
新　疆	1 618.1	2 482.2	3 183.0	4 642.7	5 442.2	799.5

各地区农林牧渔业总产值

单位：亿元

地　区	总产值	农业	林业	牧业	渔业
全国总计	**81 303.9**	**41 988.6**	**3 120.7**	**25 770.7**	**7 568.0**
北　京	363.1	163.4	18.9	162.7	11.5
天　津	349.5	179.9	2.5	98.5	58.6
河　北	4 895.9	2 775.3	58.8	1 674.0	163.6
山　西	1 207.6	767.1	73.5	295.7	7.5
内蒙古	2 204.5	1 057.8	93.2	998.3	23.5
辽　宁	3 633.6	1 307.2	107.4	1 521.1	560.0
吉　林	2 275.1	1 020.4	81.9	1 074.5	31.1
黑龙江	3 223.5	1 801.8	110.2	1 189.9	58.9
上　海	314.6	165.1	7.6	77.4	54.7
江　苏	5 237.4	2 640.9	92.8	1 190.5	1 060.4
浙　江	2 534.9	1 152.0	134.1	546.3	655.8
安　徽	3 459.7	1 714.8	182.1	1 083.5	346.2
福　建	2 730.9	1 136.2	237.7	479.2	782.6
江　西	2 207.3	917.8	206.1	734.3	272.2
山　东	7 409.7	3 843.6	100.0	2 171.9	999.1
河　南	6 218.6	3 599.9	127.3	2 198.4	72.5
湖　北	4 252.9	2 299.3	86.1	1 205.8	508.8
湖　南	4 508.2	2 391.7	239.1	1 425.6	255.0
广　东	4 384.4	2 042.2	208.7	1 146.4	843.0
广　西	3 323.4	1 602.5	217.4	1 096.6	303.1
海　南	1 002.4	401.0	161.4	207.1	204.6
重　庆	1 265.3	751.2	38.1	425.3	34.9
四　川	4 932.7	2 454.3	130.1	2 127.2	147.2
贵　州	1 165.5	655.3	46.7	381.9	19.9
云　南	2 306.5	1 124.7	245.7	808.2	55.9
西　藏	109.4	49.6	2.4	54.1	0.2
陕　西	2 058.6	1 360.7	42.3	553.4	10.6
甘　肃	1 187.8	848.5	17.2	210.6	1.6
青　海	230.8	102.9	4.2	119.3	0.2
宁　夏	354.7	223.6	9.3	97.6	10.2
新　疆	1 955.4	1 437.9	38.1	415.0	14.2

注：农林牧渔业总产值按当年价计算。

各地区分部门农林牧渔业增加值

单位：亿元

地　区	增加值	农业	林业	牧业	渔业
全国总计	**47 486.1**	**27 042.8**	**2 089.2**	**12 431.4**	**4 590.0**
北　京	136.3	75.2	8.1	47.0	4.0
天　津	159.7	87.4	1.5	41.4	28.0
河　北	2 905.7	1 876.8	42.1	790.5	96.7
山　西	641.4	431.0	28.7	147.9	4.1
内蒙古	1 306.3	688.4	65.5	517.9	15.7
辽　宁	1 915.6	789.6	62.7	614.6	365.3
吉　林	1 277.4	676.2	51.2	493.0	19.1
黑龙江	1 701.5	1 150.2	51.1	446.2	22.1
上　海	124.9	71.3	2.6	27.3	20.1
江　苏	3 064.8	1 809.8	51.2	476.7	584.4
浙　江	1 583.0	831.7	97.6	247.9	383.0
安　徽	2 015.3	1 057.5	126.8	536.4	228.2
福　建	1 612.2	716.8	153.1	250.1	436.9
江　西	1 391.1	611.7	159.8	385.8	190.9
山　东	3 973.8	2 255.0	70.1	891.0	614.3
河　南	3 512.2	2 108.8	76.5	1 206.0	49.1
湖　北	2 607.4	1 495.9	44.4	704.1	313.6
湖　南	2 768.0	1 692.9	176.9	647.2	166.0
广　东	2 665.2	1 426.2	155.5	520.0	504.1
广　西	2 047.2	1 089.8	168.1	541.9	206.5
海　南	659.2	260.5	111.6	118.4	153.4
重　庆	844.5	560.8	27.8	217.6	27.3
四　川	2 983.5	1 700.8	90.3	1 053.0	93.6
贵　州	726.2	430.8	32.0	223.2	12.8
云　南	1 411.1	742.7	172.0	435.6	33.6
西　藏	74.4	32.6	1.5	38.3	0.1
陕　西	1 220.9	841.6	26.9	297.4	6.0
甘　肃	678.7	498.0	7.6	143.5	1.1
青　海	155.1	61.3	2.8	88.4	0.1
宁　夏	184.1	126.5	3.3	41.4	3.9
新　疆	1 139.0	844.8	20.0	241.5	6.1

各地区分部门农林牧渔业增加值构成

单位：%

地区	增加值构成	农业	林业	牧业	渔业
全国总计	**100.0**	**56.9**	**4.4**	**26.2**	**9.7**
北京	100.0	55.2	5.9	34.5	3.0
天津	100.0	54.7	0.9	25.9	17.5
河北	100.0	64.6	1.4	27.2	3.3
山西	100.0	67.2	4.5	23.1	0.6
内蒙古	100.0	52.7	5.0	39.6	1.2
辽宁	100.0	41.2	3.3	32.1	19.1
吉林	100.0	52.9	4.0	38.6	1.5
黑龙江	100.0	67.6	3.0	26.2	1.3
上海	100.0	57.1	2.1	21.8	16.0
江苏	100.0	59.1	1.7	15.6	19.1
浙江	100.0	52.5	6.2	15.7	24.2
安徽	100.0	52.5	6.3	26.6	11.3
福建	100.0	44.5	9.5	15.5	27.1
江西	100.0	44.0	11.5	27.7	13.7
山东	100.0	56.7	1.8	22.4	15.5
河南	100.0	60.0	2.2	34.3	1.4
湖北	100.0	57.4	1.7	27.0	12.0
湖南	100.0	61.2	6.4	23.4	6.0
广东	100.0	53.5	5.8	19.5	18.9
广西	100.0	53.2	8.2	26.5	10.1
海南	100.0	39.5	16.9	18.0	23.3
重庆	100.0	66.4	3.3	25.8	3.2
四川	100.0	57.0	3.0	35.3	3.1
贵州	100.0	59.3	4.4	30.7	1.8
云南	100.0	52.6	12.2	30.9	2.4
西藏	100.0	43.8	2.1	51.5	0.1
陕西	100.0	68.9	2.2	24.4	0.5
甘肃	100.0	73.4	1.1	21.1	0.2
青海	100.0	39.5	1.8	57.0	0.1
宁夏	100.0	68.7	1.8	22.5	2.1
新疆	100.0	74.2	1.8	21.2	0.5

各地区粮、棉、油、糖播种面积占全国比重及位次

单位：%

地　区	粮食		棉花		油料		糖料	
	比重	位次	比重	位次	比重	位次	比重	位次
全国总计	**100.00**		**100.00**		**100.00**		**100.00**	
北　京	0.19	29	0.01	21	0.04	30		
天　津	0.28	27	1.19	10	0.02	31		
河　北	5.69	6	12.56	3	3.27	11	0.74	11
山　西	2.97	14	1.06	11	1.08	23	0.26	16
内蒙古	5.03	7	0.03	19	5.17	8	1.93	7
辽　宁	2.87	15	0.01	22	2.83	12	0.06	22
吉　林	4.11	10	0.13	16	1.77	19	0.17	18
黑龙江	10.40	1			1.07	24	4.09	4
上　海	0.17	30	0.05	17	0.06	29	0.02	24
江　苏	4.81	8	4.75	7	3.99	9	0.09	23
浙　江	1.13	23	0.43	14	1.41	21	0.63	13
安　徽	5.99	4	6.95	6	6.34	5	0.30	17
福　建	1.11	24	…	25	0.81	25	0.52	14
江　西	3.30	13	1.63	9	5.29	7	0.71	10
山　东	6.46	3	14.94	2	5.82	6		
河　南	8.92	2	7.87	5	11.40	1	0.21	20
湖　北	3.73	12	9.70	4	10.32	2	0.42	15
湖　南	4.41	9	3.82	8	9.35	3	0.80	9
广　东	2.29	20			2.48	14	8.13	3
广　西	2.78	17	0.05	18	1.46	20	56.13	1
海　南	0.39	26			0.29	27	3.15	6
重　庆	2.04	21	…	24	1.86	18	0.16	21
四　川	5.82	5	0.32	15	8.90	4	1.03	8
贵　州	2.76	18	0.03	20	3.87	10	0.72	12
云　南	3.91	11	0.01	23	2.47	15	15.49	2
西　藏	0.15	31			0.17	28		
陕　西	2.84	16	1.00	12	2.17	16	…	25
甘　肃	2.56	19	0.95	13	2.49	13	0.27	19
青　海	0.25	28			1.21	22	…	26
宁　夏	0.77	25			0.64	26		
新　疆	1.85	22	32.52	1	1.91	17	3.95	5

各地区粮、棉、油、糖产量占全国比重及位次

单位:%

地区	粮食		棉花		油料		糖料		每公顷产量位次			
	比重	位次	比重	位次	比重	位次	比重	位次	粮食	棉花	油料	糖料
全国总计	**100.00**		**100.00**		**100.00**		**100.00**					
北京	0.21	29	0.01	22	0.05	30			9	14	6	
天津	0.28	27	1.10	11	0.02	31			16	12	5	
河北	5.55	6	9.92	3	4.34	8	0.37	13	18	18	3	20
山西	2.09	19	0.96	13	0.57	25	0.26	17	29	12	31	11
内蒙古	4.18	11	0.04	18	4.05	9	1.26	7	24	9	23	17
辽宁	3.56	13	0.01	21	3.62	10	0.06	23	3	2	4	15
吉林	5.55	7	0.18	16	2.10	14	0.13	20	1	3	7	24
黑龙江	9.75	1			0.70	24	2.20	6	20		28	23
上海	0.21	28	0.07	17	0.06	29	0.01	24	2	1	17	5
江苏	5.79	4	3.75	7	4.36	7	0.08	22	5	19	10	10
浙江	1.37	23	0.49	14	1.21	21	0.57	10	4	8	20	7
安徽	5.49	8	5.30	6	6.46	6	0.17	18	21	15	15	18
福建	1.18	24	…	25	0.83	23	0.45	12	14	23	14	9
江西	3.59	12	2.17	9	3.43	11	0.50	11	11	5	29	14
山东	7.75	3	11.91	2	10.31	2	…	26	6	17	1	
河南	9.70	2	5.80	5	16.1	1	0.21	17	12	21	2	3
湖北	4.18	10	7.98	4	9.21	3	0.26	15	10	16	18	16
湖南	5.15	9	3.45	8	6.51	5	0.58	9	7	13	27	12
广东	2.38	16			2.78	12	11.11	3	15		8	1
广西	2.50	15	0.03	19	1.52	19	58.08	1	22	20	12	4
海南	0.33	26			0.30	27	3.10	5	23		13	6
重庆	1.97	20	…	24	1.41	20	0.09	21	19	25	25	22
四川	5.76	5	0.22	15	8.42	4	0.70	8	17	22	16	13
贵州	1.54	20	0.02	20	2.38	13	0.35	14	31	24	30	21
云南	2.93	14	0.01	23	1.84	17	15.17	2	26	6	26	8
西藏	0.16	31			0.19	28			13		9	
陕西	2.09	18	1.02	12	1.78	18	…	25	27	10	22	25
甘肃	1.78	21	1.15	10	1.92	16	0.18	19	30	7	24	19
青海	0.18	30			1.01	22	…	27	28		21	26
宁夏	0.63	25			0.56	26	…	28	25		19	
新疆	2.14	17	43.98	1	2.02	15	4.15	4	8	4	11	2

各地区肉、蛋、奶、水产品产量占全国比重及位次

单位:%

地　区	肉		蛋		奶		水产品	
	比重	位次	比重	位次	比重	位次	比重	位次
全国总计	**100.00**		**100.00**		**100.00**		**100.00**	
北　京	0.56	26	0.54	24	1.68	13	0.11	27
天　津	0.54	27	0.67	23	1.82	12	0.63	17
河　北	5.26	6	12.09	3	12.25	3	1.90	14
山　西	0.90	25	2.53	12	1.99	10	0.06	28
内蒙古	2.98	15	1.81	13	24.44	1	0.22	22
辽　宁	5.13	7	9.87	4	3.46	8	8.06	6
吉　林	3.07	14	3.39	10	1.21	16	0.31	21
黑龙江	2.53	16	3.75	9	14.44	2	0.75	16
上　海	0.35	29	0.22	28	0.76	20	0.51	19
江　苏	4.72	10	6.93	5	1.55	14	8.49	5
浙　江	2.21	20	1.68	15	0.52	23	9.21	4
安　徽	4.72	11	4.26	8	0.59	22	3.56	11
福　建	2.30	18	0.90	20	0.41	24	10.77	3
江　西	3.71	13	1.58	16	0.32	26	3.88	9
山　东	8.94	1	14.27	1	7.32	5	14.52	1
河　南	8.06	3	13.98	2	8.43	4	1.17	15
湖　北	4.80	9	4.87	7	0.91	18	6.36	7
湖　南	6.15	4	3.33	11	0.21	28	3.57	10
广　东	5.46	5	1.24	18	0.38	25	13.61	2
广　西	4.91	8	0.75	22	0.23	27	5.16	8
海　南	0.90	24	0.12	29	…	31	2.86	12
重　庆	2.47	17	1.33	17	0.21	29	0.49	20
四　川	8.18	2	5.15	6	1.88	11	2.00	13
贵　州	2.26	19	0.49	26	0.12	30	0.19	24
云　南	4.08	12	0.77	21	1.49	15	0.61	18
西　藏	0.33	30	0.01	31	0.78	19	…	31
陕　西	1.25	22	1.70	14	4.74	6	0.15	26
甘　肃	1.05	23	0.51	25	0.99	17	0.02	29
青　海	0.36	28	0.06	30	0.75	21	0.01	30
宁　夏	0.32	31	0.26	27	2.52	9	0.19	25
新　疆	1.51	21	0.91	19	3.51	7	0.20	23

各地区人均主要农产品占有量

单位：千克

地区	粮食	棉花	油料	糖料	肉	蛋	奶	水产品
全国人均	**425.2**	**4.9**	**24.6**	**93.2**	**59.2**	**20.9**	**28.4**	**41.7**
北京	61.2	…	0.7		22.3	7.6	32.2	3.1
天津	122.2	5.5	0.5		32.4	14.1	52.4	26.6
河北	439.8	9.1	19.7	6.4	58.0	47.1	64.7	14.8
山西	333.0	1.8	5.2	9.1	19.9	19.8	21.2	1.0
内蒙古	964.2	0.1	54.1	63.7	95.9	21.2	376.2	5.0
辽宁	464.9	…	27.3	1.8	93.2	63.4	30.1	103.1
吉林	1 154.0	0.4	25.3	5.9	88.8	34.7	16.8	6.3
黑龙江	1 453.5		6.1	71.7	52.5	27.5	143.6	11.0
上海	52.5	0.2	0.8	0.5	11.9	2.7	12.5	12.4
江苏	419.6	3.1	18.3	1.2	47.7	24.7	7.5	60.4
浙江	143.3	0.6	7.3	13.0	32.3	8.7	3.7	94.6
安徽	526.2	6.3	35.9	3.6	63.0	20.1	3.8	33.5
福建	181.6	…	7.4	15.1	49.4	6.8	4.3	163.0
江西	459.0	3.2	25.4	14.1	66.1	9.9	2.7	48.6
山东	460.7	8.2	35.5	…	74.0	41.8	29.0	84.7
河南	589.9	4.1	56.7	2.8	68.3	41.6	34.2	7.0
湖北	416.1	9.2	53.1	5.7	66.5	23.9	6.1	62.1
湖南	446.6	3.4	32.7	11.0	74.4	14.2	1.2	30.4
广东	130.0		8.8	132.8	41.5	3.3	1.4	72.8
广西	309.3	…	10.8	1 572.3	84.6	4.5	1.9	62.6
海南	215.6		11.4	444.6	82.1	3.8	0.2	183.7
重庆	388.3	…	16.0	4.1	67.6	12.9	2.8	9.5
四川	409.1	0.2	34.6	10.9	80.9	18.0	8.9	13.9
贵州	252.6	…	22.7	12.6	51.8	3.9	1.4	3.1
云南	362.7	…	13.2	411.6	70.3	4.7	12.3	7.4
西藏	310.6		21.0		86.6	1.1	98.8	0.1
陕西	319.6	1.8	15.8	…	26.6	13.5	48.8	2.2
甘肃	396.2	3.0	24.8	7.1	32.7	5.5	14.7	0.5
青海	182.8		58.9	…	51.0	3.1	50.3	0.6
宁夏	565.5		29.0	…	39.8	11.5	151.2	16.6
新疆	557.9	132.0	30.4	236.4	54.7	11.7	61.0	5.1

二、种植业

全国主要农作物播种面积和产量增减情况（一）

指　　标	播种面积（千公顷）	总产量（万吨）	每公顷产　量（千克）	比上年增减绝对量		
				播种面积（千公顷）	总产量（万吨）	每公顷产　量（千克）
农作物播种面积	**162 283. 2**			**1 608. 4**		
粮食作物	**110 573. 0**	**57 120. 8**	**5 166**	**696. 9**	**2 473. 1**	**192**
夏收粮食	27 557. 6	12 638. 7	4 586	117. 3	323. 6	98
秋收粮食	77 265. 9	41 206. 7	5 333	625. 9	2 007. 8	218
谷物	91 015. 8	51 939. 4	5 707	1 165. 2	2 302. 3	182
稻谷	30 057. 0	20 100. 1	6 687	183. 7	524. 0	134
早稻	5 749. 5	3 275. 4	5 697	-46. 3	141. 7	290
中稻和一季晚稻	18 100. 5	13 308. 1	7 352	247. 6	393. 4	118
双季晚稻	6 207. 0	3 516. 5	5 665	-17. 7	-11. 1	-2
小麦	24 270. 4	11 740. 1	4 837	13. 9	222. 0	89
冬小麦	22 601. 6	11 095. 7	4 909	50. 1	209. 4	82
春小麦	1 668. 8	644. 4	3 861	-36. 2	12. 6	156
玉米	33 541. 7	19 278. 1	5 748	1 041. 6	1 553. 6	294
谷子	745. 4	156. 7	2 103	-63. 3	-0. 6	157
高粱	500. 2	205. 1	4 100	-47. 5	-40. 5	-385
其他谷物	1 901. 1	459. 3	2 416	36. 9	43. 9	188
大麦	511. 6	163. 7	3 200	-68. 0	-33. 5	-203
豆类	10 651. 4	1 908. 4	1 792	-624. 4	11. 9	110
大豆	7 888. 5	1 448. 5	1 836	-627. 2	-59. 8	65
绿豆	781. 0	95. 2	1 219	38. 7	-0. 2	-66
红小豆	156. 6	25. 1	1 602	-5. 0	0. 0	52
薯类（折粮）	8 905. 8	3 273. 0	3 675	156. 1	158. 9	116
马铃薯	5 424. 0	1 765. 8	3 256	218. 9	135. 1	123

全国主要农作物播种面积和产量增减情况（二）

指　　标	播种面积（千公顷）	总产量（万吨）	每公顷产　量（千克）	比上年增减绝对量		
				播种面积（千公顷）	总产量（万吨）	每公顷产　量（千克）
油料作物	**13 855.1**	**3 306.8**	**2 387**	**-34.5**	**76.6**	**61**
花生	4 581.4	1 604.6	3 502	54.1	40.2	47
油菜籽	7 347.4	1 342.6	1 827	-22.3	34.4	52
芝麻	437.0	60.5	1 385	-10.0	1.9	73
胡麻籽	322.1	35.9	1 113	-2.3	0.6	26
向日葵	940.2	231.3	2 460	-43.8	1.5	124
棉花	**5 037.8**	**658.9**	**1 308**	**189.1**	**62.8**	**78**
麻类	**118.3**	**29.6**	**2 498**	**-14.4**	**-2.2**	**105**
黄红麻	19.3	7.5	3 896	0.5	0.6	211
苎麻	84.0	15.8	1 886	-13.6	-3.1	-53
大麻（线麻）	5.7	1.6	2 766	0.6	0.5	641
亚麻	6.1	3.9	6 472	-2.6	-0.5	1 325
糖料	**1 947.8**	**12 516.5**	**64 261**	**42.8**	**508.1**	**1 225**
甘蔗	1 721.2	11 443.5	66 485	34.9	364.6	785
甜菜	226.6	1 073.1	47 361	7.8	143.5	4 863
烟叶	**1 461.4**	**313.2**	**2 143**	**116.8**	**12.9**	**-90**
烤烟	1 351.0	287.0	2 124	120.2	13.8	-95
药材类	**1 385.2**			**143.2**		
蔬菜瓜果类	**22 028.4**	**76 614.6**	**34 780**	**639.1**	**2 979.0**	**353**
蔬菜类（含菜用瓜）	19 639.2	67 929.7	34 589	639.3	2 830.3	326
瓜果类（含果用瓜）	2 389.3	8 684.9	36 350	-0.1	148.7	624
西瓜	1 803.2	6 889.3	38 207	-9.3	71.2	590
甜瓜	397.4	1 278.5	32 168	4.2	51.7	974
草莓	95.9	249.1	25 974	4.7	16.1	428
其他农作物	**5 876.2**			**-170.6**		
青饲料	2 082.9			200.6		

各地区农作物总播种面积增减情况

单位：千公顷

地　　区	2011 年	2010 年	2011 年比 2010 年增减	
			绝对量	%
全国总计	**162 283.2**	**160 674.8**	**1 608.4**	**1.00**
北　　京	302.6	317.3	-14.7	-4.63
天　　津	468.0	459.3	8.7	1.90
河　　北	8 773.7	8 718.4	55.3	0.63
山　　西	3 797.4	3 763.9	33.5	0.89
内 蒙 古	7 109.9	7 002.5	107.4	1.53
辽　　宁	4 145.7	4 073.8	71.8	1.76
吉　　林	5 222.3	5 221.4	0.9	0.02
黑 龙 江	12 222.9	12 156.2	66.7	0.55
上　　海	400.6	401.2	-0.6	-0.15
江　　苏	7 663.2	7 619.6	43.7	0.57
浙　　江	2 462.7	2 484.7	-21.9	-0.88
安　　徽	9 022.9	9 053.4	-30.4	-0.34
福　　建	2 285.8	2 270.8	15.1	0.66
江　　西	5 486.8	5 457.7	29.1	0.53
山　　东	10 865.4	10 818.2	47.2	0.44
河　　南	14 258.6	14 248.7	9.9	0.07
湖　　北	8 009.6	7 997.6	12.0	0.15
湖　　南	8 402.0	8 216.1	185.8	2.26
广　　东	4 572.0	4 524.5	47.5	1.05
广　　西	5 996.5	5 896.9	99.6	1.69
海　　南	838.3	833.7	4.6	0.55
重　　庆	3 413.1	3 359.4	53.7	1.60
四　　川	9 565.6	9 478.8	86.8	0.92
贵　　州	5 021.2	4 889.1	132.1	2.70
云　　南	6 667.5	6 437.3	230.1	3.58
西　　藏	241.4	240.2	1.2	0.52
陕　　西	4 181.0	4 185.6	-4.6	-0.11
甘　　肃	4 094.8	3 995.2	99.6	2.49
青　　海	547.7	546.9	0.8	0.15
宁　　夏	1 260.4	1 247.9	12.5	1.00
新　　疆	4 983.5	4 758.6	224.8	4.72

各地区粮食作物播种面积和产量

地区	播种面积（千公顷）	总产量（万吨）	每公顷产量（千克）	比上年增减		
				播种面积（千公顷）	总产量	
					绝对量（万吨）	%
全国总计	**110 573.0**	**57 120.8**	**5 166**	**696.9**	**2 473.1**	**4.53**
北京	209.4	121.8	5 816	-14.1	6.1	5.26
天津	310.8	161.8	5 207	-1.0	2.1	1.31
河北	6 286.1	3 172.6	5 047	3.9	196.7	6.61
山西	3 287.9	1 193.0	3 629	48.6	107.9	9.94
内蒙古	5 561.5	2 387.5	4 293	62.8	229.3	10.63
辽宁	3 169.8	2 035.5	6 422	-9.5	270.1	15.30
吉林	4 545.1	3 171.0	6 977	52.8	328.5	11.56
黑龙江	11 502.9	5 570.6	4 843	48.2	557.8	11.13
上海	186.3	122.0	6 544	7.2	3.6	3.00
江苏	5 319.2	3 307.8	6 219	36.8	72.7	2.25
浙江	1 254.1	781.6	6 232	-21.7	10.9	1.42
安徽	6 621.5	3 135.5	4 735	5.1	55.0	1.79
福建	1 226.8	672.8	5 484	-5.5	10.9	1.65
江西	3 650.1	2 052.8	5 624	10.9	98.1	5.02
山东	7 145.8	4 426.3	6 194	61.0	90.6	2.09
河南	9 859.9	5 542.5	5 621	119.7	105.4	1.94
湖北	4 122.1	2 388.5	5 794	53.7	72.7	3.14
湖南	4 879.6	2 939.4	6 024	70.5	91.9	3.23
广东	2 530.4	1 361.0	5 378	-1.5	44.5	3.38
广西	3 072.8	1 429.9	4 653	11.7	17.6	1.25
海南	430.6	188.0	4 367	9.1	7.7	4.24
重庆	2 259.4	1 126.9	4 988	15.5	-29.2	-2.53
四川	6 440.5	3 291.6	5 111	38.5	68.7	2.13
贵州	3 055.6	876.9	2 870	65.1	-235.4	-21.16
云南	4 326.9	1 673.6	3 868	52.5	142.6	9.31
西藏	170.2	93.7	5 509	0.0	2.5	2.77
陕西	3 134.9	1 194.7	3 811	-24.8	29.8	2.56
甘肃	2 833.7	1 014.6	3 581	33.9	56.3	5.87
青海	279.4	103.4	3 699	4.9	1.4	1.33
宁夏	852.4	359.0	4 211	8.4	2.4	0.69
新疆	2 047.5	1 224.7	5 981	18.9	54.0	4.61

各地区夏粮作物播种面积和产量

地区	播种面积（千公顷）	总产量（万吨）	每公顷产量（千克）	比上年增减		
				播种面积（千公顷）	总产量	
					绝对量（万吨）	%
全国总计	**27 557.6**	**12 638.7**	**4 586**	**117.3**	**323.6**	**2.63**
北京	58.2	28.4	4 882	-3.5	…	…
天津	112.3	54.2	4 828	1.8	1.0	1.88
河北	2 431.6	1 290.1	5 306	-23.6	46.4	3.73
山西	730.8	242.2	3 314	-20.5	8.0	3.40
内蒙古						
辽宁	64.1	43.7	6 817	4.6	4.5	11.48
吉林						
黑龙江						
上海	70.5	28.3	4 018	10.9	5.4	23.33
江苏	2 361.5	1 117.2	4 731	2.0	11.9	1.07
浙江	182.2	64.8	3 558	6.1	5.7	9.73
安徽	2 425.7	1 221.2	5 034	17.3	9.5	0.79
福建	88.4	33.9	3 831	7.7	2.2	6.93
江西	61.2	8.9	1 454	4.3	1.5	20.14
山东	3 595.5	2 104.7	5 854	31.2	44.7	2.17
河南	5 353.3	3 131.5	5 850	46.7	40.8	1.32
湖北	1 304.3	425.8	3 265	37.8	5.2	1.24
湖南	195.7	58.5	2 989	-2.6	-0.4	-0.68
广东	228.1	106.5	4 668	4.0	2.8	2.67
广西	87.0	27.1	3 112	-4.1	10.4	62.04
海南	73.0	29.0	3 971	-0.1	-0.1	-0.48
重庆	520.4	156.3	3 002	-3.7	0.7	0.42
四川	1 804.0	577.0	3 198	16.7	18.1	3.24
贵州	972.6	210.4	2 164	22.2	43.6	26.14
云南	1 157.9	251.2	2 169	35.5	123.5	96.74
西藏						
陕西	1 314.7	455.1	3 462	-6.0	5.8	1.29
甘肃	1 032.3	319.5	3 095	-20.9	-11.3	-3.42
青海						
宁夏	229.8	65.5	2 852	-13.8	-7.8	-10.59
新疆	1 102.8	587.7	5 329	-46.2	-48.3	-7.60

各地区秋粮作物播种面积和产量

地　区	播种面积（千公顷）	总产量（万吨）	每公顷产量（千克）	比上年增减		
				播种面积（千公顷）	总产量	
					绝对量（万吨）	%
全国总计	**77 265.9**	**41 206.7**	**5 333**	**625.9**	**2 007.8**	**5.12**
北　京	151.2	93.4	6 175	-10.6	6.1	6.98
天　津	198.5	107.6	5 422	-2.8	1.1	1.02
河　北	3 854.5	1 882.5	4 884	27.5	150.3	8.68
山　西	2 557.1	950.8	3 718	69.1	99.9	11.75
内蒙古	5 561.5	2 387.5	4 293	62.8	229.3	10.63
辽　宁	3 105.7	1 991.8	6 413	-14.1	265.6	15.39
吉　林	4 545.1	3 171.0	6 977	52.8	328.5	11.56
黑龙江	11 502.9	5 570.6	4 843	48.2	557.8	11.13
上　海	115.8	93.6	8 082	-3.7	-1.8	-1.90
江　苏	2 957.7	2 190.6	7 406	15.7	60.8	2.86
浙　江	960.2	648.5	6 754	-22.0	0.3	0.05
安　徽	3 939.7	1 777.1	4 511	-5.0	48.6	2.81
福　建	934.3	516.2	5 525	-3.7	6.2	1.22
江　西	2 204.7	1 258.3	5 707	23.5	16.5	1.33
山　东	3 550.4	2 321.6	6 539	29.9	45.9	2.02
河　南	4 506.5	2 411.0	5 350	73.0	64.6	2.75
湖　北	2 471.4	1 765.6	7 144	28.2	70.1	4.13
湖　南	3 288.6	2 074.5	6 308	38.3	50.4	2.49
广　东	1 374.5	727.1	5 290	8.0	25.4	3.62
广　西	2 044.5	872.4	4 267	39.3	8.3	0.96
海　南	217.2	85.2	3 923	-6.5	5.3	6.66
重　庆	1 739.0	970.7	5 582	19.2	-29.9	-2.98
四　川	4 635.4	2 713.9	5 855	21.9	50.6	1.90
贵　州	2 083.0	666.5	3 200	-6.2	-279.0	-29.51
云　南	3 128.1	1 396.6	4 465	15.0	18.6	1.35
西　藏	170.2	93.7	5 509	…	2.5	2.77
陕　西	1 820.2	739.6	4 063	-18.8	24.0	3.35
甘　肃	1 801.4	695.1	3 859	54.8	67.6	10.77
青　海	279.4	103.4	3 699	4.9	1.4	1.33
宁　夏	622.7	293.4	4 712	22.2	10.2	3.61
新　疆	944.7	637.0	6 743	65.0	102.3	19.14

各地区谷物播种面积和产量

地区	播种面积（千公顷）	总产量（万吨）	每公顷产量（千克）	比上年增减		
				播种面积（千公顷）	总产量	
					绝对量（万吨）	%
全国总计	**91 015.8**	**51 939.4**	**5 707**	**1 165.2**	**2 302.3**	**4.64**
北京	200.8	119.3	5 943	-12.9	6.2	5.44
天津	296.8	159.5	5 375	0.5	2.2	1.39
河北	5 836.2	3 032.3	5 196	4.4	188.0	6.61
山西	2 774.3	1 138.4	4 103	59.5	103.2	9.97
内蒙古	3 819.3	2 012.2	5 268	111.6	191.0	10.49
辽宁	2 943.3	1 933.5	6 569	-5.0	256.4	15.29
吉林	3 976.9	3 015.3	7 582	111.9	361.1	13.61
黑龙江	7 865.9	4 858.2	6 176	406.0	573.4	13.38
上海	179.0	119.6	6 680	6.5	3.3	2.86
江苏	4 926.6	3 186.4	6 468	39.6	76.0	2.44
浙江	1 033.0	704.6	6 821	-19.6	5.6	0.81
安徽	5 485.0	2 974.0	5 422	60.5	62.9	2.16
福建	895.0	533.2	5 957	-8.0	7.3	1.39
江西	3 359.6	1 964.3	5 847	9.6	94.6	5.06
山东	6 739.0	4 194.9	6 225	68.3	89.6	2.18
河南	9 055.4	5 308.1	5 862	134.5	100.9	1.94
湖北	3 627.7	2 249.2	6 200	25.7	75.0	3.45
湖南	4 455.0	2 779.5	6 239	71.6	90.3	3.36
广东	2 121.6	1 178.5	5 555	-2.2	42.7	3.76
广西	2 665.8	1 333.2	5 001	17.8	0.7	0.05
海南	342.2	155.4	4 542	-3.3	7.8	5.30
重庆	1 316.4	799.2	6 071	-3.3	-22.9	-2.79
四川	4 787.1	2 753.7	5 752	5.5	96.8	3.64
贵州	1 829.0	615.6	3 366	-2.1	-296.0	-32.47
云南	3 118.4	1 368.9	4 390	55.0	91.0	7.12
西藏	163.1	91.0	5 581	0.1	2.5	2.85
陕西	2 582.4	1 069.8	4 142	-28.2	27.7	2.66
甘肃	1 956.9	750.9	3 837	1.4	13.2	1.79
青海	159.1	59.4	3 736	7.4	2.5	4.34
宁夏	589.1	309.7	5 258	15.6	-0.5	-0.18
新疆	1 916.1	1 171.7	6 115	36.7	49.8	4.44

各地区稻谷播种面积和产量

地区	播种面积（千公顷）	总产量（万吨）	每公顷产量（千克）	比上年增减		
				播种面积（千公顷）	总产量	
					绝对量（万吨）	%
全国总计	**30 057.0**	**20 100.1**	**6 687**	**183.7**	**524.0**	**2.68**
北京	0.2	0.2	6 522	-0.1	…	-21.05
天津	14.2	10.7	7 528	-1.6	-0.5	-4.29
河北	83.0	60.2	7 249	3.3	6.0	10.97
山西	1.0	0.5	4 902	…	…	-8.70
内蒙古	90.0	77.9	8 657	-2.2	3.1	4.15
辽宁	659.6	505.1	7 658	-17.9	47.5	10.38
吉林	691.2	623.5	9 020	17.7	55.0	9.67
黑龙江	2 945.6	2 062.1	7 001	176.7	218.2	11.83
上海	106.1	88.9	8 379	-2.4	-1.5	-1.61
江苏	2 248.6	1 864.2	8 290	14.5	56.3	3.11
浙江	894.8	649.0	7 254	-28.4	0.9	0.14
安徽	2 230.8	1 387.1	6 218	-14.5	3.7	0.27
福建	845.3	514.1	6 082	-9.5	6.2	1.22
江西	3 317.7	1 950.1	5 878	-0.7	91.8	4.94
山东	124.5	104.0	8 348	-3.7	-2.4	-2.25
河南	638.0	474.5	7 437	10.0	3.3	0.70
湖北	2 036.2	1 616.9	7 941	-2.0	59.1	3.79
湖南	4 066.3	2 575.4	6 334	35.8	69.4	2.77
广东	1 940.9	1 096.9	5 651	-11.8	36.3	3.42
广西	2 078.5	1 084.1	5 216	-15.9	-37.2	-3.31
海南	318.6	145.1	4 555	-5.7	6.6	4.80
重庆	686.5	493.5	7 189	2.6	-25.1	-4.84
四川	2 007.9	1 527.1	7 605	3.4	15.0	0.99
贵州	681.5	303.9	4 460	-14.3	-141.7	-31.80
云南	1 073.5	668.7	6 229	52.5	52.1	8.45
西藏	1.0	0.6	6 000	…	…	1.69
陕西	120.9	84.5	6 987	-0.7	3.5	4.31
甘肃						
青海						
宁夏	83.9	70.8	8 430	0.8	0.8	1.10
新疆	70.6	60.6	8 590	3.7	1.7	2.81

各地区早稻播种面积和产量

地　区	播种面积（千公顷）	总产量（万吨）	每公顷产量（千克）	比上年增减		
				播种面积（千公顷）	总产量	
					绝对量（万吨）	%
全国总计	**5 749.5**	**3 275.4**	**5 697**	**-46.3**	**141.7**	**4.52**
北　京						
天　津						
河　北						
山　西						
内蒙古						
辽　宁						
吉　林						
黑龙江						
上　海						
江　苏						
浙　江	111.8	68.3	6 111	-5.9	4.9	7.66
安　徽	256.2	137.2	5 355	-7.2	-3.2	-2.25
福　建	204.1	122.8	6 015	-3.9	2.5	2.06
江　西	1 384.3	785.6	5 675	-16.8	80.1	11.35
山　东						
河　南						
湖　北	346.4	197.1	5 689	-12.2	-2.6	-1.29
湖　南	1 395.3	806.4	5 779	34.8	41.9	5.48
广　东	927.9	527.4	5 684	-13.5	16.3	3.18
广　西	941.3	530.4	5 635	-23.5	-1.1	-0.21
海　南	140.4	73.9	5 260	…	2.5	3.47
重　庆						
四　川	1.1	0.7	6 364	-0.1	…	…
贵　州						
云　南	40.9	25.8	6 313	2.0	0.5	1.94
西　藏						
陕　西						
甘　肃						
青　海						
宁　夏						
新　疆						

各地区中稻和一季晚稻播种面积和产量

地　区	播种面积（千公顷）	总产量（万吨）	每公顷产量（千克）	比上年增减		
				播种面积（千公顷）	总产量	
					绝对量（万吨）	%
全国总计	**18 100.5**	**13 308.1**	**7 352**	**247.7**	**393.4**	**3.05**
北　京	0.2	0.2	6 522	-0.1	…	-21.05
天　津	14.2	10.7	7 528	-1.6	-0.5	-4.29
河　北	83.0	60.2	7 249	3.3	6.0	10.97
山　西	1.0	0.5	4 902	…	…	-8.70
内蒙古	90.0	77.9	8 657	-2.2	3.1	4.15
辽　宁	659.6	505.1	7 658	-17.9	47.5	10.38
吉　林	691.2	623.5	9 020	17.7	55.0	9.67
黑龙江	2 945.6	2 062.1	7 001	176.7	218.2	11.83
上　海	106.1	88.9	8 379	-2.4	-1.5	-1.61
江　苏	2 248.6	1 864.2	8 290	15.6	57.1	3.16
浙　江	640.1	490.5	7 662	-7.8	4.3	0.89
安　徽	1 702.2	1 113.3	6 541	0.2	8.2	0.74
福　建	453.2	284.4	6 276	2.2	5.6	2.00
江　西	401.5	266.3	6 632	9.6	7.3	2.82
山　东	124.5	104.0	8 348	-3.7	-2.4	-2.25
河　南	638.0	474.5	7 437	10.0	3.3	0.70
湖　北	1 281.6	1 169.8	9 127	19.2	67.0	6.07
湖　南	1 217.3	864.4	7 101	-11.1	12.9	1.51
广　东						
广　西	151.0	81.8	5 415	1.0	1.4	1.75
海　南						
重　庆	686.5	493.5	7 189	2.6	-25.1	-4.84
四　川	2 006.2	1 526.0	7 606	3.6	15.0	0.99
贵　州	681.5	303.9	4 460	-14.3	-141.7	-31.80
云　南	1 000.8	626.1	6 257	48.9	50.9	8.85
西　藏	1.0	0.6	6 000	…	…	…
陕　西	120.9	84.5	6 987	-0.7	3.5	4.31
甘　肃						
青　海						
宁　夏	83.9	70.8	8 430	0.8	0.8	1.10
新　疆	70.6	60.6	8 590	3.7	1.7	2.81

各地区双季晚稻播种面积和产量

地 区	播种面积（千公顷）	总产量（万吨）	每公顷产量（千克）	比上年增减		
				播种面积（千公顷）	总产量	
					绝对量（万吨）	%
全国总计	**6 207.0**	**3 516.5**	**5 665**	**-17.7**	**-11.2**	**-0.32**
北 京						
天 津						
河 北						
山 西						
内 蒙 古						
辽 宁						
吉 林						
黑 龙 江						
上 海						
江 苏						
浙 江	142.9	90.3	6 318	-14.8	-8.3	-8.45
安 徽	272.4	136.6	5 013	-7.6	-1.3	-0.97
福 建	188.0	106.9	5 688	-7.8	-1.8	-1.70
江 西	1 531.9	898.2	5 863	6.5	4.4	0.49
山 东						
河 南						
湖 北	408.2	250.1	6 127	-9.0	-5.3	-2.07
湖 南	1 453.7	904.6	6 223	12.1	14.6	1.64
广 东	1 013.1	569.5	5 622	1.6	20.0	3.65
广 西	986.3	471.9	4 785	6.6	-37.5	-7.36
海 南	178.2	71.3	4 000	-5.7	4.2	6.21
重 庆						
四 川	0.6	0.4	6 667	-0.1	…	…
贵 州						
云 南	31.8	16.7	5 261	1.6	0.7	4.49
西 藏						
陕 西						
甘 肃						
青 海						
宁 夏						
新 疆						

各地区小麦播种面积和产量

地　　区	播种面积（千公顷）	总产量（万吨）	每公顷产量（千克）	比上年增减		
				播种面积（千公顷）	总产量	
					绝对量（万吨）	%
全国总计	**24 270.4**	**11 740.1**	**4 837**	**13.9**	**222.0**	**1.93**
北　　京	58.1	28.4	4 883	-3.5	…	…
天　　津	112.3	54.2	4 828	1.8	1.0	1.88
河　　北	2 396.1	1 276.1	5 326	-24.3	45.5	3.70
山　　西	710.1	240.3	3 384	-18.3	8.1	3.47
内 蒙 古	567.9	170.9	3 010	1.7	5.7	3.45
辽　　宁	6.9	3.7	5 362	-0.6	…	…
吉　　林	3.2	1.3	4 214	-0.4	0.1	7.89
黑 龙 江	297.8	103.8	3 485	17.8	11.3	12.22
上　　海	59.8	24.1	4 031	10.4	4.9	25.25
江　　苏	2 112.4	1 023.2	4 844	19.3	15.1	1.49
浙　　江	72.6	27.0	3 720	6.5	2.3	9.47
安　　徽	2 383.0	1 215.7	5 102	17.3	9.0	0.75
福　　建	2.8	0.8	2 883	-0.8	-0.2	-21.57
江　　西	10.9	2.2	2 011	0.5	0.1	3.79
山　　东	3 593.5	2 103.9	5 855	31.7	45.3	2.20
河　　南	5 323.3	3 123.0	5 867	43.3	40.8	1.32
湖　　北	1 013.6	344.8	3 402	13.5	1.7	0.50
湖　　南	40.4	10.2	2 525	1.2	0.3	3.03
广　　东	1.0	0.3	3 000	0.1	0.1	21.95
广　　西	1.5	0.2	1 419	-2.7	-0.4	-63.16
海　　南						
重　　庆	138.4	42.4	3 063	-12.2	-3.5	-7.72
四　　川	1 259.3	436.0	3 462	-6.4	8.3	1.94
贵　　州	257.6	50.4	1 956	-3.1	25.6	102.90
云　　南	437.9	98.9	2 258	9.0	52.9	115.03
西　　藏	37.6	24.9	6 625	0.6	0.6	2.59
陕　　西	1 136.7	410.9	3 615	-12.2	7.1	1.76
甘　　肃	861.6	247.5	2 873	-18.1	-3.4	-1.36
青　　海	94.0	35.4	3 761	-6.9	-1.9	-5.15
宁　　夏	202.1	63.0	3 116	-9.3	-7.4	-10.45
新　　疆	1 078.0	576.6	5 349	-42.0	-46.9	-7.51

各地区冬小麦播种面积和产量

地　　区	播种面积（千公顷）	总产量（万吨）	每公顷产量（千克）	比上年增减		
				播种面积（千公顷）	总产量	
					绝对量（万吨）	%
全国总计	**22 601.6**	**11 095.7**	**4 909**	**50.1**	**209.4**	**1.92**
北　　京	58.1	28.4	4 883	-3.5	…	-0.04
天　　津	103.8	50.7	4 880	0.3	0.6	1.12
河　　北	2 392.4	1 274.2	5 326	-23.4	45.4	3.70
山　　西	709.6	240.1	3 383	-18.2	8.0	3.47
内 蒙 古						
辽　　宁						
吉　　林						
黑 龙 江						
上　　海	59.8	24.1	4 031	10.4	4.9	25.25
江　　苏	2 112.4	1 023.2	4 844	19.3	15.1	1.49
浙　　江	72.6	27.0	3 720	6.5	2.3	9.47
安　　徽	2 383.0	1 215.7	5 102	17.3	9.0	0.75
福　　建	2.8	0.8	2 883	-0.8	-0.2	-21.81
江　　西	10.9	2.2	2 011	0.5	0.1	3.79
山　　东	3 593.5	2 103.9	5 855	31.7	45.3	2.20
河　　南	5 323.3	3 123.0	5 867	43.3	40.8	1.32
湖　　北	1 013.6	344.8	3 402	13.5	1.7	0.50
湖　　南	40.4	10.2	2 525	1.2	0.3	3.03
广　　东	1.0	0.3	3 000	0.1	0.1	21.95
广　　西	1.5	0.2	1 419	-2.7	-0.4	-63.16
海　　南						
重　　庆	138.4	42.4	3 063	-12.2	-3.5	-7.72
四　　川	1 250.4	433.8	3 469	-6.1	8.4	1.97
贵　　州	257.6	50.4	1 956	-3.1	25.6	102.90
云　　南	437.9	98.9	2 258	11.1	53.5	117.92
西　　藏	27.9	19.2	6 869	-0.1	-0.6	-3.08
陕　　西	1 136.7	410.9	3 615	-12.2	7.1	1.76
甘　　肃	595.4	135.5	2 276	2.0	-12.6	-8.51
青　　海						
宁　　夏	106.8	20.9	1 952	5.3	-10.3	-32.98
新　　疆	771.8	415.2	5 380	-30.0	-31.1	-6.97

各地区春小麦播种面积和产量

地区	播种面积（千公顷）	总产量（万吨）	每公顷产量（千克）	比上年增减		
				播种面积（千公顷）	总产量	
					绝对量（万吨）	%
全国总计	**1 668.8**	**644.4**	**3 861**	**-36.2**	**12.6**	**2.00**
北京						
天津	8.5	3.6	4 191	1.5	0.4	14.15
河北	3.6	1.9	5 262	-0.9	0.1	3.80
山西	0.5	0.2	4 694	-0.1	…	4.55
内蒙古	567.9	170.9	3 010	1.7	5.7	3.45
辽宁	6.9	3.7	5 362	-0.6	…	…
吉林	3.2	1.3	4 214	-0.4	0.1	7.89
黑龙江	297.8	103.8	3 485	17.8	11.3	12.22
上海						
江苏						
浙江						
安徽						
福建						
江西						
山东	…	…	5 000			
河南						
湖北						
湖南						
广东						
广西						
海南						
重庆						
四川	8.9	2.2	2 472	-0.3	-0.1	-4.35
贵州						
云南						
西藏	9.7	5.7	5 924	0.7	1.2	27.56
陕西						
甘肃	266.2	112.0	4 207	-20.0	9.2	8.95
青海	94.0	35.4	3 761	-6.9	-1.9	-5.15
宁夏	95.3	42.1	4 420	-14.5	2.9	7.42
新疆	306.2	161.5	5 273	-12.1	-15.7	-8.88

各地区玉米播种面积和产量

地　区	播种面积（千公顷）	总产量（万吨）	每公顷产量（千克）	比上年增减		
				播种面积（千公顷）	总产量	
					绝对量（万吨）	%
全国总计	**33 541.7**	**19 278.1**	**5 748**	**1 041.6**	**1 553.6**	**8.77**
北　京	140.5	90.3	6 429	-9.2	6.2	7.33
天　津	169.0	94.4	5 584	0.1	1.6	1.77
河　北	3 035.8	1 639.6	5 401	27.2	130.9	8.68
山　西	1 646.7	854.6	5 190	97.8	88.6	11.57
内蒙古	2 669.6	1 632.1	6 114	184.0	166.4	11.36
辽　宁	2 134.6	1 360.3	6 373	41.6	209.8	18.24
吉　林	3 134.2	2 339.0	7 463	87.5	335.0	16.72
黑龙江	4 587.4	2 675.8	5 833	219.0	351.4	15.12
上　海	4.2	2.8	6 603	-0.2	-0.2	-5.76
江　苏	414.3	226.2	5 459	10.6	7.7	3.52
浙　江	30.9	14.6	4 716	3.7	2.4	20.08
安　徽	818.8	362.6	4 428	57.7	49.8	15.93
福　建	42.6	16.6	3 904	2.5	1.4	9.30
江　西	25.7	10.5	4 090	7.5	2.1	24.29
山　东	2 995.9	1 978.7	6 605	40.6	46.6	2.41
河　南	3 025.0	1 696.5	5 608	79.0	61.7	3.77
湖　北	549.7	276.2	5 025	18.3	15.2	5.82
湖　南	327.1	188.5	5 763	34.1	20.4	12.14
广　东	173.1	78.9	4 560	10.9	6.8	9.50
广　西	565.9	244.7	4 325	27.3	36.0	17.26
海　南	23.5	10.3	4 376	2.5	1.2	13.44
重　庆	466.9	257.0	5 504	5.0	5.4	2.16
四　川	1 363.1	701.6	5 147	7.7	32.6	4.87
贵　州	787.8	243.7	3 094	6.6	-171.7	-41.34
云　南	1 409.0	598.2	4 246	-8.8	-14.8	-2.41
西　藏	4.2	2.8	6 627	-0.1	0.0	-0.36
陕　西	1 177.8	550.7	4 676	-4.6	18.5	3.48
甘　肃	838.7	425.6	5 074	3.3	35.2	9.02
青　海	20.5	15.2	7 421	8.1	4.5	41.57
宁　夏	231.1	172.4	7 461	7.7	6.6	4.00
新　疆	728.0	517.7	7 111	74.2	96.1	22.78

各地区谷子播种面积和产量

地　区	播种面积（千公顷）	总产量（万吨）	每公顷产量（千克）	比上年增减		
				播种面积（千公顷）	总产量	
					绝对量（万吨）	%
全国总计	**745.4**	**156.7**	**2 103**	**-63.3**	**-0.6**	**-0.39**
北　京	1.5	0.3	2 162	-0.1	…	6.67
天　津	0.1	…	2 500	0.0	…	…
河　北	164.5	43.5	2 644	9.6	4.2	10.66
山　西	206.0	26.2	1 272	1.0	5.9	29.06
内蒙古	137.3	27.8	2 027	-36.9	2.0	7.57
辽　宁	63.5	22.1	3 480	-13.3	-2.6	-10.53
吉　林	35.1	10.2	2 913	3.2	0.0	0.02
黑龙江	10.2	3.5	3 408	-1.5	-0.6	-15.12
上　海						
江　苏	…	…	2 500	…	…	…
浙　江						
安　徽						
福　建	0.1	…	3 125	…	…	…
江　西						
山　东	17.8	5.8	3 272	0.3	0.5	8.77
河　南	35.9	5.3	1 478	-0.5	-4.8	-47.58
湖　北	0.1	…	6 667	…	…	…
湖　南						
广　东	0.3	0.1	2 667	…	…	12.83
广　西	2.7	0.7	2 482	…	…	…
海　南						
重　庆						
四　川						
贵　州	1.7	0.2	1 047	0.2	-0.1	-21.74
云　南	0.3	…	1 071	…	…	…
西　藏						
陕　西	62.7	10.5	1 668	-12.0	-1.8	-14.55
甘　肃						
青　海						
宁　夏	5.2	0.4	687	-0.1	…	-10.00
新　疆	0.3	0.1	1 765	-0.8	-1.3	-95.45

各地区高粱播种面积和产量

地区	播种面积（千公顷）	总产量（万吨）	每公顷产量（千克）	比上年增减		
				播种面积（千公顷）	总产量	
					绝对量（万吨）	%
全国总计	**500.2**	**205.1**	**4 100**	**-47.5**	**-40.5**	**-16.51**
北京	0.3	0.1	2 963	-0.1	…	-11.11
天津	1.0	0.2	1 900	0.2	…	26.67
河北	14.2	5.0	3 547	-2.0	0.5	10.77
山西	29.5	5.4	1 834	-4.6	0.1	1.50
内蒙古	118.1	60.9	5 155	-29.8	4.5	7.90
辽宁	58.9	36.3	6 163	-11.7	1.1	3.12
吉林	100.8	37.9	3 758	5.1	-29.0	-43.34
黑龙江	19.1	11.1	5 821	-5.8	-6.6	-37.30
上海						
江苏	…	…	3 000	…	…	…
浙江						
安徽	1.0	0.2	2 000	…	…	-0.36
福建	1.4	0.6	4 037	…	…	-3.16
江西	1.3	0.5	3 636	0.4	0.1	37.14
山东	4.6	1.6	3 377	-0.5	…	…
河南	3.2	0.3	889	-0.7	-0.1	-5.41
湖北	3.0	1.4	4 783	0.1	…	2.88
湖南	2.6	1.1	4 231	0.1	0.1	10.00
广东	0.1	…	3 750	…	…	…
广西	2.3	0.7	2 863	…	…	1.52
海南						
重庆	15.9	4.6	2 927	1.3	0.7	16.54
四川	50.8	17.8	3 504	4.4	-1.7	-8.72
贵州	50.4	11.6	2 306	2.6	-5.7	-33.03
云南	2.7	0.3	1 049	-0.1	…	-12.50
西藏						
陕西	9.0	2.9	3 256	-0.5	-0.1	-3.62
甘肃						
青海						
宁夏	0.1	…	1 980	…	…	…
新疆	10.1	4.6	4 573	4.3	0.9	22.67

各地区其他谷物播种面积和产量

地　区	播种面积（千公顷）	总产量（万吨）	每公顷产量（千克）	比上年增减		
				播种面积（千公顷）	总产量 绝对量（万吨）	总产量 %
全国总计	**1 901.1**	**459.3**	**2 416**	**36.9**	**43.9**	**10.56**
北　京	0.1	…	2 500		…	
天　津	0.2	…			…	
河　北	142.7	7.9	550	-9.4	1.0	14.10
山　西	181.0	11.4	629	-16.3	0.6	5.07
内蒙古	236.5	42.5	1 799	-5.2	9.3	28.03
辽　宁	19.8	6.0	3 030	-3.1	0.6	11.11
吉　林	12.4	3.3	2 671	-1.2	…	0.06
黑龙江	5.8	1.9	3 265	-0.2	-0.2	-9.52
上　海	8.9	3.8	4 276	-1.3	0.1	2.42
江　苏	151.2	72.9	4 820	-4.9	-3.1	-4.06
浙　江	34.6	14.0	4 037	-1.3	…	-0.14
安　徽	51.2	8.5	1 653	…	0.3	4.24
福　建	2.8	1.0	3 496	-0.2	…	-3.89
江　西	4.1	1.0	2 543	1.9	0.5	94.34
山　东	2.6	1.0	3 802	-0.1	-0.4	-28.57
河　南	30.0	8.5	2 833	3.3	…	0.24
湖　北	25.2	9.8	3 882	-4.2	-1.0	-9.60
湖　南	18.6	4.3	2 312	0.4	0.1	2.38
广　东	6.2	2.3	3 706	-1.4	-0.5	-18.74
广　西	14.8	2.8	1 914	9.1	2.2	349.21
海　南	0.1	…	1 250	0.1	…	…
重　庆	8.7	1.6	1 867	-0.1	-0.4	-19.53
四　川	106.0	71.2	6 717	-3.6	42.6	148.95
贵　州	50.0	5.8	1 156	5.9	-2.3	-28.55
云　南	195.1	2.9	147	2.5	0.8	37.98
西　藏	120.3	62.8	5 216	-0.4	1.9	3.10
陕　西	75.3	10.3	1 363	1.8	0.5	4.90
甘　肃	256.6	77.8	3 032	44.8	-7.2	-8.49
青　海	44.6	8.9	1 991	6.2	-0.1	-0.78
宁　夏	66.6	3.2	475	16.5	-0.6	-15.05
新　疆	29.1	12.0	4 133	-2.6	-0.7	-5.42

各地区大麦播种面积和产量

地区	播种面积（千公顷）	总产量（万吨）	每公顷产量（千克）	比上年增减		
				播种面积（千公顷）	总产量	
					绝对量（万吨）	%
全国总计	**511.6**	**163.7**	**3 200**	**-68.0**	**-33.5**	**-16.99**
北京						
天津						
河北						
山西						
内蒙古	74.1	21.7	2 922	5.6	5.2	31.52
辽宁						
吉林	0.1	…				
黑龙江	2.7	0.7	2 622	…	0.6	600.00
上海	8.9	3.8	4 276	0.8	0.6	17.96
江苏	146.1	71.2	4 870	-4.8	-2.9	-3.97
浙江	25.7	10.6	4 126	-1.0	0.1	0.57
安徽	42.7	8.5	1 984	-5.5	0.6	7.03
福建	0.7	0.2	2 911	-0.3	-0.1	4.50
江西	0.2	…	1 818	…	…	5.50
山东	1.3	0.5	3 893	-0.1	-0.5	-47.96
河南	30.0	8.5	2 833	3.3	…	0.24
湖北	24.5	9.6	3 924	-3.8	-0.8	-8.02
湖南	2.0	0.4	2 000	…	-0.1	-20.00
广东						
广西						
海南						
重庆	1.4	0.4	2 753	-0.4	-0.2	-31.89
四川	30.4	12.6	4 145	0.1	…	…
贵州	3.5	0.7	2 069	0.4	0.4	132.26
云南	88.2	2.0	222	1.9	0.7	59.35
西藏	0.1	…		2.9	…	-40.00
陕西	4.0	1.2	3 025	2.8	0.7	152.08
甘肃						
青海						
宁夏	0.2	…		-0.2	-0.1	-81.25
新疆	24.8	11.1	4 458	-4.1	-1.5	-11.80

各地区豆类播种面积和产量

地区	播种面积（千公顷）	总产量（万吨）	每公顷产量（千克）	比上年增减		
				播种面积（千公顷）	总产量	
					绝对量（万吨）	%
全国总计	**10 651.4**	**1 908.4**	**1 792**	**-624.4**	**11.9**	**0.63**
北京	6.3	1.2	1 879	-1.1	…	1.11
天津	12.8	1.7	1 348	-1.7	-0.2	-9.90
河北	179.3	35.7	1 992	-15.1	2.2	6.59
山西	321.3	24.4	760	-12.8	0.3	1.46
内蒙古	1 022.5	171.3	1 676	-77.8	5.3	3.19
辽宁	143.4	37.0	2 580	-7.6	…	…
吉林	481.9	101.3	2 101	-55.5	-11.6	-10.31
黑龙江	3 386.7	577.8	1 706	-363.7	-24.1	-4.00
上海	6.2	1.5	2 468	0.6	0.4	29.66
江苏	333.1	82.8	2 486	-0.9	-2.4	-2.83
浙江	124.4	31.6	2 541	-1.6	1.2	3.91
安徽	969.0	115.0	1 187	-52.2	-6.9	-5.67
福建	80.6	19.9	2 474	2.7	1.3	6.71
江西	154.2	28.7	1 857	0.2	0.7	2.65
山东	166.2	43.3	2 603	-0.7	2.2	5.33
河南	505.9	95.2	1 881	-7.5	1.8	1.95
湖北	190.7	39.5	2 073	-1.4	-4.7	-10.66
湖南	171.3	41.1	2 397	…	0.8	1.89
广东	77.2	18.2	2 355	-1.7	-0.1	-0.65
广西	168.8	28.9	1 711	0.2	5.2	22.06
海南	8.5	2.3	2 729	0.5	0.2	7.60
重庆	224.6	43.5	1 936	10.7	1.6	3.75
四川	441.1	96.2	2 181	6.2	-2.1	-2.14
贵州	314.0	22.0	700	0.5	-4.6	-17.30
云南	574.6	125.7	2 188	-4.8	46.3	58.20
西藏	6.5	2.4	3 643	-0.2	…	…
陕西	225.3	44.6	1 981	1.3	-0.4	-0.91
甘肃	199.6	34.8	1 744	0.7	-0.6	-1.81
青海	32.3	7.1	2 185	-3.9	-1.4	-16.94
宁夏	38.9	4.7	1 214	-9.9	1.0	25.97
新疆	84.3	29.1	3 454	-28.0	0.8	2.75

各地区大豆播种面积和产量

地　　区	播种面积（千公顷）	总产量（万吨）	每公顷产量（千克）	比上年增减		
				播种面积（千公顷）	总产量	
					绝对量（万吨）	%
全国总计	**7 888.5**	**1 448.5**	**1 836**	**-627.2**	**-59.8**	**-3.96**
北　　京	5.4	1.1	2 011	-1.0	…	0.93
天　　津	12.4	1.7	1 366	-1.7	-0.2	-9.63
河　　北	136.1	29.5	2 169	-11.8	1.8	6.61
山　　西	198.0	16.2	820	3.0	0.8	5.11
内 蒙 古	687.6	137.2	1 996	-124.4	3.8	2.88
辽　　宁	120.2	34.1	2 837	-3.2	…	…
吉　　林	304.8	78.8	2 585	-71.9	-7.8	-8.99
黑 龙 江	3 201.7	541.3	1 691	-346.2	-43.7	-7.47
上　　海	3.4	0.9	2 674	-0.8	-0.2	-16.36
江　　苏	219.7	57.6	2 622	-7.2	-2.2	-3.72
浙　　江	51.1	14.0	2 748	-1.5	1.1	8.17
安　　徽	885.9	107.5	1 213	-53.0	-12.3	-10.30
福　　建	62.5	15.3	2 442	1.4	0.8	5.67
江　　西	95.2	20.7	2 178	-3.9	0.3	1.47
山　　东	156.2	40.6	2 599	-0.8	2.0	5.18
河　　南	445.7	88.0	1 975	-7.3	1.7	1.94
湖　　北	101.6	23.9	2 349	-0.4	-1.8	-7.05
湖　　南	92.3	23.5	2 546	2.5	1.4	6.33
广　　东	59.7	13.5	2 259	-3.9	-1.2	-8.23
广　　西	111.9	20.1	1 798	3.1	3.4	20.49
海　　南	3.6	0.9	2 495	0.5	0.1	17.11
重　　庆	95.4	18.7	1 955	4.2	0.5	2.95
四　　川	225.0	48.0	2 133	3.9	-5.1	-9.60
贵　　州	131.3	7.1	541	-0.5	-8.9	-55.53
云　　南	125.3	24.3	1 942	-3.1	-2.8	-10.35
西　　藏	0.2	0.1	3 529	…	…	20.00
陕　　西	174.4	37.7	2 163	-4.2	-2.0	-5.01
甘　　肃	91.0	15.8	1 740	0.7	…	-0.13
青　　海						
宁　　夏	13.2	3.2	2 444	-3.2	2.3	235.42
新　　疆	77.8	27.1	3 485	3.5	8.4	44.64

各地区绿豆播种面积和产量

地区	播种面积（千公顷）	总产量（万吨）	每公顷产量（千克）	比上年增减		
				播种面积（千公顷）	总产量	
					绝对量（万吨）	%
全国总计	**781.0**	**95.2**	**1 219**	**38.7**	**-0.2**	**-0.19**
北京	0.2	…	909		…	…
天津	0.3	…	1 071	…	…	…
河北	15.1	1.8	1 216	-1.5	0.1	6.36
山西	47.3	4.1	856	-3.4	-0.2	-4.26
内蒙古	201.4	22.5	1 118	18.1	5.6	32.98
辽宁	6.2	1.8	2 903	0.1	0.2	9.09
吉林	165.1	21.2	1 286	16.8	-2.2	-9.27
黑龙江	40.3	4.5	1 105	19.2	1.9	74.51
上海						
江苏	3.9	0.9	2 371	-0.2	…	-5.12
浙江	5.7	1.0	1 793	-2.4	-0.5	-31.54
安徽	66.5	2.4	359	0.3	0.1	3.08
福建	3.0	0.6	2 107	0.1	0.1	8.65
江西	9.0	1.1	1 246	-0.3	-0.5	-29.11
山东	6.6	1.6	2 473	0.2	0.2	13.99
河南	54.3	6.5	1 205	1.0	0.1	1.94
湖北	20.2	3.1	1 533	-0.4	-0.4	-11.68
湖南	22.4	5.7	2 545	-2.1	-0.4	-6.56
广东	2.9	0.7	2 371	0.1	…	3.92
广西	20.9	3.2	1 549	7.3	0.6	23.19
海南	0.5	0.1	1 481	-0.3	-0.1	-54.67
重庆	20.7	3.7	1 787	-0.2	-0.1	-1.59
四川	17.3	3.0	1 734	-0.5	-0.6	-16.67
贵州	5.5	0.4	782	-1.2	-0.4	-48.19
云南	7.6	1.2	1 597	-0.5	-0.1	-5.43
西藏						
陕西	37.3	3.8	1 021	5.2	0.5	14.76
甘肃	0.6	0.1	1 228	-0.3	…	-12.50
青海						
宁夏						
新疆						

各地区红小豆播种面积和产量

地区	播种面积（千公顷）	总产量（万吨）	每公顷产量（千克）	比上年增减		
				播种面积（千公顷）	总产量	
					绝对量（万吨）	%
全国总计	**156.6**	**25.1**	**1 602**	**-5.0**	…	**0.14**
北京	0.6	0.1	1 094	-0.1	…	16.67
天津	0.1	…	909	…	…	…
河北	7.8	1.0	1 274	-1.1	0.1	6.45
山西	8.1	0.9	1 064	-1.3		
内蒙古	28.5	3.9	1 368	5.9	1.7	74.25
辽宁	3.5	0.7	2 000	-0.4	-0.1	-6.67
吉林	9.7	1.2	1 272	0.2	-1.1	-47.96
黑龙江	34.3	7.8	2 258	2.5	1.6	25.00
上海						
江苏	9.3	2.2	2 392	-0.2	-0.1	-3.97
浙江	4.0	0.7	1 772	-4.7	-0.7	-48.91
安徽	5.1	0.2	314	-0.1	…	-5.28
福建	1.3	0.3	2 060	0.1	…	20.56
江西	0.2	…	2 000	0.2	…	…
山东	1.2	0.3	2 393	0.2	0.1	40.00
河南	3.6	0.4	1 089	…		
湖北	4.6	0.6	1 304	-0.9	-0.1	-17.81
湖南	1.0	0.2	1 500	0.5	0.1	50.00
广东	1.6	0.4	2 436	…	…	-1.14
广西	0.3	0.1	1 613	…	…	-16.67
海南	0.7	0.2	2 278	…	…	-11.76
重庆	2.7	0.5	1 852	-0.3	…	5.49
四川	3.3	0.5	1 515	0.0	-0.1	-16.67
贵州	4.1	0.3	725	-2.8	-0.8	-71.43
云南	9.1	1.4	1 520	-1.5	-0.1	-6.12
西藏						
陕西	7.3	1.0	1 364	2.3	0.3	49.25
甘肃	4.7	0.5	1 071	0.6	0.3	194.12
青海						
宁夏						
新疆						

各地区薯类播种面积和产量

地区	播种面积（千公顷）	总产量（万吨）	每公顷产量（千克）	比上年增减		
				播种面积（千公顷）	总产量	
					绝对量（万吨）	%
全国总计	**8 905.8**	**3 273.0**	**3 675**	**156.1**	**158.9**	**5.10**
北京	2.4	1.3	5 447	-0.1	-0.1	-5.60
天津	1.2	0.6	4 828	0.2	0.1	21.74
河北	270.6	104.6	3 864	14.6	6.5	6.60
山西	192.3	30.2	1 571	1.9	4.3	16.69
内蒙古	719.7	204.0	2 835	29.0	33.0	19.33
辽宁	83.1	65.0	7 822	3.1	13.7	26.71
吉林	86.3	54.5	6 319	-3.6	-21.0	-27.81
黑龙江	250.3	134.7	5 379	5.9	8.5	6.70
上海	1.1	0.8	7 434	…	-0.1	-13.40
江苏	59.4	38.6	6 493	-1.8	-0.9	-2.22
浙江	96.8	45.4	4 689	-0.6	4.1	9.93
安徽	167.6	46.5	2 773	-3.2	-0.9	-1.99
福建	251.2	119.7	4 766	-0.2	2.3	1.98
江西	136.2	59.9	4 394	1.2	2.8	4.91
山东	240.7	188.1	7 816	-6.6	-1.2	-0.63
河南	298.7	139.3	4 663	-7.2	2.7	1.94
湖北	303.6	99.8	3 288	29.4	2.4	2.48
湖南	253.3	118.8	4 690	-1.1	0.8	0.68
广东	331.6	164.2	4 953	2.5	1.9	1.17
广西	238.3	67.8	2 847	-6.2	11.7	20.78
海南	79.9	30.3	3 793	-3.8	-0.3	-1.09
重庆	718.4	284.2	3 957	8.1	-7.9	-2.69
四川	1 212.3	441.7	3 643	26.8	-26.0	-5.56
贵州	912.6	239.3	2 622	17.7	65.2	37.43
云南	633.9	178.9	2 823	2.3	5.4	3.09
西藏	0.6	0.4	5 806	0.1	…	2.86
陕西	327.1	80.3	2 455	2.0	2.5	3.25
甘肃	677.2	228.9	3 380	31.8	43.7	23.60
青海	88.1	36.9	4 189	1.3	0.3	0.90
宁夏	224.5	44.5	1 983	2.6	2.0	4.76
新疆	47.1	24.0	5 083	10.1	3.5	16.83

各地区马铃薯播种面积和产量

地区	播种面积（千公顷）	总产量（万吨）	每公顷产量（千克）	比上年增减		
				播种面积（千公顷）	总产量	
					绝对量（万吨）	%
全国总计	**5 424.0**	**1 765.8**	**3 256**	**218.9**	**135.1**	**8.29**
北　京						
天　津						
河　北	170.6	47.9	2 810	15.6	3.0	6.61
山　西	171.6	24.9	1 452	1.4	3.7	17.43
内蒙古	712.7	196.5	2 757	31.6	29.2	17.43
辽　宁	56.4	39.8	7 057	2.1	4.9	14.04
吉　林	81.0	49.5	6 113	-4.9	-23.0	-31.73
黑龙江	250.3	134.7	5 379	10.4	11.4	9.21
上　海						
江　苏						
浙　江	59.2	22.8	3 849	1.0	4.2	22.47
安　徽	10.7			1.9		
福　建	76.1	28.7	3 768	2.5	2.2	8.33
江　西	2.6	1.0	3 760	2.6	1.0	
山　东						
河　南						
湖　北	220.3	68.1	3 091	28.8	6.6	10.66
湖　南	93.0	35.6	3 828	-4.0	-0.8	-2.20
广　东	40.7	20.2	4 968	-4.3	-1.6	-7.47
广　西	53.1	17.9	3 363	22.2	8.6	92.87
海　南	0.2	0.1	4 146	0.1	0.1	
重　庆	344.2	116.1	3 374	7.9	4.0	3.58
四　川	601.1	216.5	3 602	26.4	-19.1	-8.11
贵　州	667.0	189.4	2 839	21.2	48.0	33.90
云　南	496.4	159.5	3 213	3.3	6.6	4.33
西　藏	0.6	0.4	6 545	…	…	2.86
陕　西	281.2	65.6	2 334	5.3	4.7	7.78
甘　肃	677.2	228.9	3 380	31.8	43.7	23.60
青　海	88.1	36.9	4 189	1.3	0.3	0.90
宁　夏	224.5	44.5	1 983	2.6	2.0	4.76
新　疆	45.4	20.5	4 512	12.2	1.3	6.84

各地区油料作物播种面积和产量

地区	播种面积（千公顷）	总产量（吨）	每公顷产量（千克）	比上年增减		
				播种面积（千公顷）	总产量	
					绝对量（吨）	%
全国总计	**13 855.1**	**33 067 571**	**2 387**	**-34.5**	**766 264**	**2.37**
北京	4.9	13 922	2 853	-0.5	-1 606	-10.34
天津	2.2	6 631	2 960	0.1	194	3.01
河北	453.1	1 417 786	3 129	-11.2	14 906	1.06
山西	150.0	187 044	1 247	-7.0	11 151	6.34
内蒙古	717.0	1 338 765	1 867	23.4	57 282	4.47
辽宁	392.0	1 197 565	3 055	44.6	201 585	20.24
吉林	245.1	695 563	2 838	-58.0	-8 886	-1.26
黑龙江	148.6	232 691	1 566	-18.6	-42 633	-15.48
上海	8.6	18 647	2 178	-1.7	-4 282	-18.68
江苏	552.3	1 440 526	2 608	-22.1	-79 194	-5.21
浙江	196.0	398 538	2 033	-12.8	3 837	0.97
安徽	878.3	2 137 502	2 434	-66.0	-138 534	-6.09
福建	112.5	274 630	2 440	0.9	8 188	3.07
江西	732.4	1 135 852	1 551	0.6	60 137	5.59
山东	806.7	3 410 001	4 227	-9.2	-11 583	-0.34
河南	1 578.9	5 323 635	3 372	14.8	-83 613	-1.55
湖北	1 429.6	3 047 171	2 132	-19.1	-70 867	-2.27
湖南	1 295.5	2 152 868	1 662	84.1	200 249	10.26
广东	343.3	918 994	2 677	5.9	37 378	4.24
广西	202.7	501 400	2 474	9.8	43 333	9.46
海南	40.4	99 351	2 459	-0.3	4 487	4.73
重庆	257.1	465 073	1 809	2.1	20 574	4.63
四川	1 232.8	2 784 476	2 259	13.9	99 241	3.70
贵州	536.1	788 503	1 471	7.0	185 138	30.68
云南	342.3	607 467	1 775	9.0	265 214	77.49
西藏	24.0	63 515	2 644		4 868	8.30
陕西	300.8	589 665	1 960	-0.4	28 915	5.16
甘肃	351.1	635 194	1 809	5.4	-5 343	-0.83
青海	167.9	332 854	1 982	-9.9	-10 962	-3.19
宁夏	88.7	184 097	2 077	-10.2	-24 356	-11.68
新疆	264.3	667 647	2 526	-9.1	1 447	0.22

各地区花生播种面积和产量

地区	播种面积（千公顷）	总产量（吨）	每公顷产量（千克）	比上年增减		
				播种面积（千公顷）	总产量	
					绝对量（吨）	%
全国总计	**4 581.4**	**16 046 363**	**3 502**	**54.1**	**402 492**	**2.57**
北京	4.4	13 228	2 986	-0.6	-1 814	-12.06
天津	1.5	5 195	3 558	0.1	193	3.86
河北	360.2	1 289 166	3 579	-7.2	-3 113	-0.24
山西	8.9	21 799	2 444	-0.1	714	3.39
内蒙古	17.6	30 552	1 739	1.1	1 740	6.04
辽宁	377.1	1 165 363	3 091	44.7	203 886	21.21
吉林	118.5	360 189	3 041	-17.0	-10 672	-2.88
黑龙江	22.4	56 938	2 541	-0.2	7 672	15.57
上海	0.8	2 132	2 665	-0.1	-326	-13.26
江苏	100.2	369 975	3 692	-3.2	-6 985	-1.85
浙江	19.0	53 577	2 820		-131	-0.24
安徽	188.9	843 418	4 465	-5.7	-20 594	-2.38
福建	99.6	257 026	2 581	0.5	6 735	2.69
江西	157.9	437 498	2 771	5.5	29 539	7.24
山东	797.1	3 385 850	4 248	-7.9	-4 588	-0.14
河南	1 010.6	4 297 921	4 253	21.1	21 788	0.51
湖北	192.2	687 422	3 577	2.9	42 927	6.66
湖南	118.9	319 716	2 689	5.8	46 750	17.13
广东	334.4	908 468	2 716	5.9	37 214	4.27
广西	179.5	474 564	2 644	9.1	39 519	9.08
海南	38.6	97 508	2 525	0.5	5 174	5.60
重庆	50.4	101 123	2 007	1.1	10 596	11.70
四川	258.6	627 455	2 426	-0.7	12 108	1.97
贵州	38.9	60 654	1 559	-1.9	-16 150	-21.03
云南	48.6	70 407	1 448	-0.4	333	0.48
西藏	0.1	239	2 390		-6	-2.43
陕西	32.1	92 771	2 895	0.9	2 927	3.26
甘肃	1.1	2 956	2 712	0.4	1 266	74.91
青海						
宁夏						
新疆	3.5	13 253	3 768	-0.5	-4 147	-23.83

各地区油菜籽播种面积和产量

地区	播种面积（千公顷）	总产量（吨）	每公顷产量（千克）	比上年增减		
				播种面积（千公顷）	总产量	
					绝对量（吨）	%
全国总计	**7 347.4**	**13 425 566**	**1 827**	**-22.3**	**343 706**	**2.63**
北京	…	6	150	…	-16	-72.73
天津						
河北	21.0	30 203	1 436	-1.0	1 296	4.48
山西	5.9	5 888	991	-0.1	-473	-7.43
内蒙古	218.7	240 235	1 099	-4.7	16 292	7.27
辽宁	0.4	758	2 071	0.1	212	38.83
吉林						
黑龙江	0.5	1 313	2 575	-0.3	-533	-28.87
上海	7.6	16 385	2 150	-1.7	-3 986	-19.57
江苏	441.3	1 052 453	2 385	-18.8	-71 984	-6.40
浙江	171.6	335 900	1 958	-12.9	3 319	1.00
安徽	640.4	1 227 783	1 917	-50.6	-109 487	-8.19
福建	11.6	15 903	1 369	0.4	1 382	9.52
江西	542.6	666 568	1 228	-4.3	28 145	4.41
山东	8.7	21 895	2 525	-0.9	-4 714	-17.72
河南	383.5	773 187	2 016	-9.8	-115 465	-12.99
湖北	1 141.4	2 203 900	1 931	-18.3	-121 800	-5.24
湖南	1 167.2	1 819 606	1 559	78.3	153 392	9.21
广东	6.7	7 940	1 181	-0.1	-63	-0.79
广西	15.5	16 084	1 038	-0.1	1 388	9.44
海南						
重庆	196.2	351 400	1 791	4.4	9 207	2.69
四川	964.2	2 143 669	2 223	17.0	91 589	4.46
贵州	489.0	718 090	1 469	9.8	201 901	39.11
云南	272.9	518 445	1 900	3.2	258 623	99.54
西藏	23.9	63 276	2 645		4 874	8.35
陕西	203.3	383 621	1 887	1.5	10 880	2.92
甘肃	184.8	331 446	1 794	1.8	-771	-0.23
青海	163.6	326 924	1 999	-9.6	-10 399	-3.08
宁夏	0.4	900	2 143	0.2	508	129.59
新疆	64.5	151 789	2 354	-5.7	389	0.26

各地区芝麻播种面积和产量

地　区	播种面积（千公顷）	总产量（吨）	每公顷产量（千克）	比上年增减		
				播种面积（千公顷）	总产量	
					绝对量（吨）	%
全国总计	**437.0**	**605 448**	**1 385**	**-10.0**	**18 799**	**3.20**
北　京	…	29	967	…	-10	-25.64
天　津	0.1	187	1 438		3	1.63
河　北	7.4	10 375	1 402	-0.5	-171	-1.62
山　西	4.7	4 827	1 018	0.3	526	12.23
内蒙古	3.7	1 848	495	-0.9	-168	-8.35
辽　宁	1.2	2 330	1 907	-0.2	154	7.08
吉　林	9.9	13 827	1 398	1.5	1 367	10.97
黑龙江	0.5	651	1 385	-0.1	111	20.56
上　海	0.1	130	929		30	30.00
江　苏	10.7	17 860	1 668	-0.1	-214	-1.18
浙　江	5.4	9 061	1 666	0.2	649	7.72
安　徽	48.0	62 399	1 299	-4.3	-3 672	-5.56
福　建	1.3	1 574	1 252		66	4.38
江　西	31.8	31 723	997	0.2	3 289	11.57
山　东	0.6	1 055	1 702	-0.1	-148	-12.30
河　南	177.5	241 385	1 360	1.5	9 189	3.96
湖　北	89.2	145 883	1 636	-3.3	6 593	4.73
湖　南	9.3	13 513	1 451	0.4	887	7.03
广　东	2.2	2 586	1 189	0.1	227	9.62
广　西	5.0	6 122	1 219	-0.2	261	4.45
海　南	1.7	1 726	988	-0.8	-793	-31.49
重　庆	6.9	6 878	996	-0.8	39	0.56
四　川	3.5	4 580	1 301	-0.2	-161	-3.40
贵　州	0.3	323	1 042	-1.3	-14	-4.15
云　南	0.2	172	904	…	7	4.24
西　藏						
陕　西	14.9	23 694	1 591	-0.7	1 625	7.36
甘　肃						
青　海						
宁　夏	0.1	65	813	-0.2	-18	-21.69
新　疆	0.6	646	1 052	-0.6	-854	-56.93

各地区胡麻籽播种面积和产量

地区	播种面积（千公顷）	总产量（吨）	每公顷产量（千克）	比上年增减		
				播种面积（千公顷）	总产量	
					绝对量（吨）	%
全国总计	**322.1**	**358 641**	**1 113**	**-2.3**	**5 829**	**1.65**
北京						
天津						
河北	35.4	28 535	805	-5.5	1 421	5.24
山西	63.9	60 302	944	1.1	5 277	9.59
内蒙古	56.3	32 026	569	8.0	2 918	10.02
辽宁						
吉林						
黑龙江						
上海						
江苏						
浙江						
安徽						
福建						
江西	…	30				
山东						
河南						
湖北						
湖南						
广东						
广西						
海南						
重庆						
四川	2.7	3 733	1 380	2.7	3 733	
贵州	…	22	1 467	…	14	175.00
云南	…	33	818	…	-7	-17.42
西藏						
陕西	2.8	2 632	930	-0.1	-689	-20.75
甘肃	100.9	138 259	1 370	-4.5	-13 233	-8.74
青海	4.4	5 930	1 363	-0.3	-563	-8.67
宁夏	47.7	74 805	1 567	-2.7	7 894	11.80
新疆	7.8	12 334	1 575	-0.9	-966	-7.26

各地区向日葵籽播种面积和产量

地区	播种面积（千公顷）	总产量（吨）	每公顷产量（千克）	比上年增减		
				播种面积（千公顷）	总产量	
					绝对量（吨）	%
全国总计	**940.2**	**2 312 751**	**2 460**	**-43.8**	**14 772**	**0.64**
北京	0.4	659	1 883	0.1	234	55.06
天津	0.5	1 090	2 271		101	10.21
河北	26.9	53 401	1 987	3.0	15 788	41.97
山西	39.4	56 122	1 426	-3.7	-903	-1.58
内蒙古	412.0	1 029 741	2 500	16.5	37 653	3.80
辽宁	12.0	25 917	2 162		5 410	26.38
吉林	111.1	310 961	2 798	-39.0	19 990	6.87
黑龙江	40.4	68 618	1 700	-16.4	-36 252	-34.57
上海						
江苏	0.1	238	2 380		-11	-4.42
浙江						
安徽	…	16	1 231	…	6	60.00
福建	…	67	1 478	…	9	15.52
江西	…	33	1 100	…	-866	-96.33
山东	…	69	2 300	…	-12	-14.81
河南	7.4	11 142	1 508	2.0	875	8.52
湖北	6.1	9 197	1 498	-0.5	1 746	23.43
湖南	…	33	1 100	…	…	…
广东						
广西	2.7	4 630	1 720	0.9	2 165	87.83
海南						
重庆	3.6	5 672	1 570	-0.1	1 414	33.21
四川						
贵州	7.4	7 616	1 036	0.4	-1 330	-14.87
云南	5.2	10 242	1 962		1 897	22.73
西藏						
陕西	28.8	45 504	1 582	-3.7	-3 892	-7.88
甘肃	35.8	114 982	3 208	2.1	-3 982	-3.35
青海						
宁夏	36.8	103 214	2 805	-0.8	-34 125	-24.85
新疆	163.7	453 586	2 772	-1.2	12 386	2.81

各地区棉花播种面积和产量

地区	播种面积（千公顷）	总产量（吨）	每公顷产量（千克）	比上年增减		
				播种面积（千公顷）	总产量	
					绝对量（吨）	%
全国总计	**5 037.8**	**6 588 959**	**1 308**	**189.1**	**627 827**	**10.53**
北京	0.4	515	1 171	…	55	11.96
天津	60.0	72 275	1 204	8.2	9 565	15.25
河北	632.5	653 445	1 033	51.0	83 945	14.74
山西	53.3	63 364	1 188	-5.4	-5 947	-8.58
内蒙古	1.6	2 328	1 447	0.7	1 206	107.49
辽宁	0.4	736	1 822	…	81	12.37
吉林	6.7	12 088	1 812	3.4	6 937	134.67
黑龙江						
上海	2.5	4 812	1 940	0.1	1 294	36.78
江苏	239.2	246 795	1 032	3.6	-14 032	-5.38
浙江	21.7	32 357	1 489	0.9	2 984	10.16
安徽	350.4	378 000	1 079	6.0	62 000	19.62
福建	0.1	73	697	…	13	21.67
江西	82.0	142 853	1 743	2.2	12 080	9.24
山东	752.6	784 586	1 043	-13.8	60 453	8.35
河南	396.7	382 350	964	-70.6	-64 856	-14.50
湖北	488.7	525 800	1 076	8.6	54 000	11.45
湖南	192.4	227 000	1 180	17.4	…	…
广东						
广西	2.3	2 271	974	0.1	201	9.71
海南						
重庆	0.1	94	637	…	1	1.08
四川	16.0	14 600	913	-0.2	450	3.18
贵州	1.6	1 029	643	0.1	33	3.31
云南	0.3	445	1 648	…	53	13.44
西藏						
陕西	50.3	67 447	1 341	-0.6	-1 793	-2.59
甘肃	47.9	75 958	1 585	…	366	0.48
青海						
宁夏						
新疆	1 638.1	2 897 738	1 769	177.5	418 738	16.89

各地区麻类播种面积和产量

地区	播种面积（千公顷）	总产量（吨）	每公顷产量（千克）	比上年增减		
				播种面积（千公顷）	总产量	
					绝对量（吨）	%
全国总计	**118.3**	**295 508**	**2 498**	**-14.4**	**-21 961**	**-6.92**
北京						
天津						
河北	0.3	729	2 209	…	52	7.68
山西	0.2	207	1 380	…	-20	-8.93
内蒙古	…	57	2 036	-0.2	-919	-94.16
辽宁		151				
吉林	0.3	199	796	-0.1	-35	-14.96
黑龙江	2.6	11 630	4 508	-2.8	-10 112	-46.51
上海						
江苏	0.8	1 779	2 281	-0.1	-258	-12.67
浙江	0.1	305	3 112	…	-99	-24.50
安徽	9.4	25 789	2 753	-0.1	2 095	8.84
福建	0.1	394	3 021	…	44	12.57
江西	6.2	9 926	1 598	-0.2	-268	-2.63
山东	0.1	281	4 014	…	69	32.55
河南	8.1	43 504	5 351	0.7	4 679	12.05
湖北	14.5	28 853	1 988	-1.8	-3 727	-11.44
湖南	17.7	42 249	2 382	-8.4	-21 984	-34.23
广东	0.2	440	2 366	…	-58	-11.65
广西	4.7	12 266	2 632	-0.4	30	0.25
海南	0.2	1 027	6 847	…	30	3.00
重庆	9.6	14 455	1 505	-0.8	-245	-1.67
四川	33.8	61 013	1 805	-1.8	-3 073	-4.80
贵州	0.7	607	928	…	-244	-28.67
云南	2.9	10 529	3 669	0.2	4 920	87.71
西藏						
陕西	0.5	654	1 335	…	99	17.84
甘肃	1.7	2 068	1 195	…	-484	-18.97
青海						
宁夏						
新疆	3.8	26 396	7 013	1.2	7 396	38.93

各地区黄红麻播种面积和产量

地　区	播种面积（千公顷）	总产量（吨）	每公顷产量（千克）	比上年增减		
				播种面积（千公顷）	总产量	
					绝对量（吨）	%
全国总计	**19.3**	**75 182**	**3 896**	**0.5**	**5 868**	**8.47**
北　京						
天　津						
河　北	0.3	688	2 219	…	40	6.17
山　西						
内蒙古						
辽　宁						
吉　林						
黑龙江						
上　海						
江　苏	…	92	4 600	…	92	…
浙　江	0.1	244	3 596	…	-80	-24.69
安　徽	4.7	13 994	2 998	0.4	1 566	12.60
福　建	0.1	314	3 275	…	47	17.60
江　西	0.2	988	4 491	…	-135	-12.02
山　东	…	201	6 700	…		
河　南	8.1	43 465	5 353	0.8	5 091	13.27
湖　北	0.1	343	3 430	…	-340	-49.78
湖　南	0.2	557	3 097	-0.2	-258	-31.61
广　东	0.2	440	2 366	…	-58	-11.65
广　西	4.2	10 795	2 571	-0.4	-41	-0.38
海　南	0.2	1 027	6 847	…	30	3.00
重　庆	0.1	100	1 390	…	-2	-1.76
四　川	0.9	1 917	2 216	-0.1	-192	-9.10
贵　州	…	8	667	…	3	60.00
云　南	…	8		…		
西　藏						
陕　西	…	1		…		
甘　肃						
青　海						
宁　夏						
新　疆						

各地区苎麻播种面积和产量

地区	播种面积（千公顷）	总产量（吨）	每公顷产量（千克）	比上年增减		
				播种面积（千公顷）	总产量	
					绝对量（吨）	%
全国总计	**84.0**	**158 446**	**1 886**	**-13.6**	**-30 915**	**-16.33**
北京						
天津						
河北						
山西						
内蒙古						
辽宁						
吉林						
黑龙江						
上海						
江苏	0.8	1 687	2 220	-0.1	-350	-17.18
浙江	…	61	2 023	…	-19	-23.75
安徽	2.5	3 723	1 507	-0.3	-564	-13.16
福建	…	80	2 317	…	-3	-3.61
江西	6.0	8 938	1 492	-0.2	-133	-1.47
山东						
河南						
湖北	14.4	28 510	1 979	-1.8	-3 387	-10.62
湖南	17.5	41 592	2 373	-8.2	-21 726	-34.31
广东						
广西	0.5	1 471	3 184	…	71	5.07
海南						
重庆	8.9	12 779	1 430	-1.3	-1 725	-11.89
四川	32.8	58 959	1 797	-1.7	-2 883	-4.66
贵州	0.4	429	1 103	0.0	-201	-31.90
云南	…	18	885	…	-4	-18.06
西藏						
陕西	0.2	200	1 250	…	9	4.71
甘肃						
青海						
宁夏						
新疆						

各地区大麻（线麻）播种面积和产量

地区	播种面积（千公顷）	总产量（吨）	每公顷产量（千克）	比上年增减		
				播种面积（千公顷）	总产量	
					绝对量（吨）	%
全国总计	**5.7**	**15 802**	**2 766**	**0.6**	**4 938**	**45.46**
北京						
天津						
河北	…	36	1 800	…	12	50.00
山西	0.2	204	1 360	…	-20	-9.05
内蒙古	…	29	2 231	…	-30	-50.85
辽宁						
吉林	0.2	149	648	-0.1	15	11.19
黑龙江	…	47	4 700	…	33	235.71
上海						
江苏						
浙江						
安徽	1.9	5 044	2 653	-0.3	-1 520	-23.16
福建						
江西						
山东	…	80	2 000	…	…	…
河南	…	39	3 900	…	-124	-76.07
湖北						
湖南						
广东						
广西						
海南						
重庆	0.6	1 576	2 627			
四川						
贵州	0.1	61	772	…	-34	-35.79
云南	0.6	6 021	10 034	0.5	5 403	874.35
西藏						
陕西	0.3	448	1 358		112	33.33
甘肃	1.7	2 068	1 195		-484	-18.97
青海						
宁夏						
新疆						

各地区亚麻播种面积和产量

地区	播种面积（千公顷）	总产量（吨）	每公顷产量（千克）	比上年增减		
				播种面积（千公顷）	总产量	
					绝对量（吨）	%
全国总计	**6.1**	**39 380**	**6 472**	**-2.6**	**-5 183**	**-11.63**
北京						
天津						
河北						
山西						
内蒙古						
辽宁						
吉林	…	50	2 500			
黑龙江	2.6	11 583	4 507	-2.7	-10 145	-46.69
上海						
江苏						
浙江						
安徽						
福建						
江西						
山东						
河南						
湖北						
湖南	…	100	3 333			
广东						
广西						
海南						
重庆						
四川	…	1	250	…	…	…
贵州	0.1	79	581	…	-33	-29.46
云南	0.1	1 171	10 643	-0.4	-1 448	-55.29
西藏						
陕西						
甘肃						
青海						
宁夏						
新疆	3.2	26 396	8 212	0.7	7 396	38.93

各地区糖料播种面积和产量

地区	播种面积（千公顷）	总产量（吨）	每公顷产量（千克）	比上年增减		
				播种面积（千公顷）	总产量	
					绝对量（吨）	%
全国总计	**1 947.8**	**125 165 421**	**64 261**	**42.8**	**5 080 533**	**4.23**
北京						
天津						
河北	12.5	465 164	37 243	-1.6	-24 617	-5.03
山西	5.6	324 347	57 816	0.7	98 579	43.66
内蒙古	39.2	1 577 178	40 222	2.4	-32 468	-2.02
辽宁	1.8	77 977	44 482	0.7	29 249	60.03
吉林	5.0	162 734	32 482	1.7	85 253	110.03
黑龙江	82.0	2 749 830	33 526	4.2	999 830	57.13
上海	0.2	10 894	64 082	-0.2	-16 556	-60.31
江苏	1.6	96 073	58 940	-0.2	-6 611	-6.44
浙江	11.3	711 121	62 764	-0.7	-31 752	-4.27
安徽	5.4	216 360	39 919	-0.3	-7 347	-3.28
福建	9.2	559 721	60 904	-0.7	-55 792	-9.06
江西	14.0	628 475	44 891	0.4	37 494	6.34
山东		166				
河南	4.0	266 897	67 398	…	5 739	2.20
湖北	7.8	324 883	41 652	-0.3	1 238	0.38
湖南	14.5	722 298	49 814	-0.8	-43 654	-5.70
广东	160.3	13 900 283	86 736	5.4	898 795	6.91
广西	1 091.6	72 699 640	66 599	22.3	1 503 455	2.11
海南	60.5	3 877 682	64 073	0.5	24 026	0.62
重庆	3.4	118 048	34 903	0.3	1 215	1.04
四川	18.8	879 575	46 694	-0.8	-56 806	-6.07
贵州	12.0	436 224	36 301	-1.7	-86 402	-16.53
云南	306.7	18 987 767	61 902	11.6	1 478 069	8.44
西藏						
陕西	0.1	1 556	31 120		-461	-22.86
甘肃	4.8	180 827	37 361	-0.2	-39 323	-17.86
青海	…	110	11 000	…	-329	-74.94
宁夏		90			-283	
新疆	75.4	5 189 502	68 800	0.1	319 826	6.57

各地区甘蔗播种面积和产量

地区	播种面积（千公顷）	总产量（吨）	每公顷产量（千克）	比上年增减		
				播种面积（千公顷）	总产量	
					绝对量（吨）	%
全国总计	**1 721.2**	**114 434 620**	**66 485**	**34.9**	**3 645 883**	**3.29**
北　京						
天　津						
河　北						
山　西						
内蒙古						
辽　宁						
吉　林						
黑龙江						
上　海	0.2	10 894	64 082	-0.2	-16 556	-60.31
江　苏	1.6	96 073	58 941	-0.1	-5 669	-5.57
浙　江	11.3	711 121	62 764	-0.7	-31 752	-4.27
安　徽	5.4	216 352	39 925	-0.3	-7 347	-3.28
福　建	9.2	559 721	60 904	-0.7	-55 792	-9.06
江　西	14.0	628 475	44 891	0.4	37 494	6.34
山　东						
河　南	4.0	266 897	67 398	…	5 739	2.20
湖　北	7.8	324 883	41 652	-0.3	1 238	0.38
湖　南	14.5	722 298	49 814	-0.8	-43 654	-5.70
广　东	160.3	13 900 283	86 736	5.4	898 795	6.91
广　西	1 091.6	72 699 640	66 599	22.3	1 503 455	2.11
海　南	60.5	3 877 682	64 073	0.5	24 026	0.62
重　庆	3.4	118 048	34 903	0.3	1 215	1.04
四　川	18.7	876 886	46 945	-0.8	-57 072	-6.11
贵　州	12.0	436 045	36 410	-1.7	-86 336	-16.53
云　南	306.7	18 987 767	61 902	11.6	1 478 561	8.44
西　藏						
陕　西	0.1	1 556	31 120		-461	-22.86
甘　肃						
青　海						
宁　夏						
新　疆						

各地区甜菜播种面积和产量

地区	播种面积（千公顷）	总产量（吨）	每公顷产量（千克）	比上年增减		
				播种面积（千公顷）	总产量	
					绝对量（吨）	%
全国总计	**226.6**	**10 730 801**	**47 361**	**7.8**	**1 434 649**	**15.43**
北京						
天津						
河北	12.5	465 164	37 243	-1.6	-24 617	-5.03
山西	5.6	324 347	57 816	0.7	98 579	43.66
内蒙古	39.2	1 577 178	40 222	2.4	-32 468	-2.02
辽宁	1.8	77 977	44 482	0.7	29 249	60.03
吉林	5.0	162 734	32 482	1.7	85 253	110.03
黑龙江	82.0	2 749 830	33 526	4.2	999 830	57.13
上海						
江苏						
浙江						
安徽	…	8	8 000	…		
福建						
江西						
山东	…	166				
河南						
湖北						
湖南						
广东						
广西						
海南						
重庆						
四川	0.2	2 689	17 020		266	10.99
贵州	…	179	4 366		-66	-26.94
云南						
西藏						
陕西						
甘肃	4.8	180 827	37 361	-0.2	-39 323	-17.86
青海	…	110	11 000	…	-329	-74.94
宁夏	…	90		…	-283	-75.87
新疆	75.4	5 189 502	68 800	0.1	319 826	6.57

各地区烟叶播种面积和产量

地　　区	播种面积（千公顷）	总产量（吨）	每公顷产量（千克）	比上年增减		
				播种面积（千公顷）	总产量	
					绝对量（吨）	%
全国总计	**1 461.4**	**3 132 408**	**2 143**	**116.8**	**128 719**	**4.29**
北　　京	…	7		…	…	…
天　　津						
河　　北	2.9	6 812	2 341	…	307	4.72
山　　西	3.2	11 021	3 444	-0.2	-981	-8.17
内 蒙 古	4.2	15 429	3 716	0.1	310	2.05
辽　　宁	10.8	29 846	2 768	-0.1	1 286	4.50
吉　　林	22.3	72 300	3 249	-1.8	-3	0.00
黑 龙 江	35.0	85 320	2 439	-2.4	-10 483	-10.94
上　　海						
江　　苏	0.1	225	2 046	-0.1	-293	-56.56
浙　　江	1.2	2 943	2 412	-0.1	-229	-7.22
安　　徽	11.4	30 966	2 710	0.5	1 150	3.86
福　　建	67.9	143 264	2 111	3.0	17 618	14.02
江　　西	20.0	45 505	2 273	2.4	7 914	21.05
山　　东	33.6	87 814	2 616	8.6	18 600	26.87
河　　南	124.7	292 453	2 345	2.6	4 985	1.73
湖　　北	67.2	140 962	2 098	4.9	17 135	13.84
湖　　南	104.8	246 529	2 353	8.4	24 374	10.97
广　　东	24.2	56 321	2 323	0.4	1 224	2.22
广　　西	16.5	29 114	1 760	0.7	2 306	8.60
海　　南	0.1	50	833			
重　　庆	46.2	93 608	2 028	3.4	12 578	15.52
四　　川	117.1	249 297	2 128	9.1	3 986	1.62
贵　　州	212.2	343 244	1 617	16.4	-47 844	-12.23
云　　南	495.3	1 055 660	2 131	56.8	64 282	6.48
西　　藏						
陕　　西	36.2	77 770	2 146	4.9	10 064	14.86
甘　　肃	3.7	12 111	3 256	-0.3	-140	-1.14
青　　海	0.2	1 710	9 500	…	963	128.92
宁　　夏	0.4	2 127	5 064	…	-223	-9.49
新　　疆						

各地区烤烟播种面积和产量

地　区	播种面积（千公顷）	总产量（吨）	每公顷产量（千克）	比上年增减		
				播种面积（千公顷）	总产量	
					绝对量（吨）	%
全国总计	**1 351.0**	**2 869 547**	**2 124**	**120.2**	**138 205**	**5.06**
北　京						
天　津						
河　北	2.3	4 159	1 816	0.4	958	29.93
山　西	3.2	10 971	3 428	-0.2	3 419	45.27
内蒙古	3.1	12 681	4 120	0.3	516	4.24
辽　宁	9.7	26 423	2 733	-0.1	1 918	7.83
吉　林	11.1	30 361	2 745	-2.7	-1 073	-3.41
黑龙江	31.8	77 532	2 440	-0.6	-7 413	-8.73
上　海						
江　苏	…	68	1 700	…	-2	-2.86
浙　江						
安　徽	11.2	30 236	2 702	0.5	1 091	3.74
福　建	67.4	142 172	2 111	3.0	17 645	14.17
江　西	19.4	44 497	2 295	2.4	8 299	22.93
山　东	33.3	87 197	2 623	8.8	19 813	29.40
河　南	124.7	292 357	2 345	2.6	4 940	1.72
湖　北	47.7	96 459	2 024	6.9	18 135	23.15
湖　南	99.2	233 474	2 353	6.3	20 838	9.80
广　东	22.0	50 556	2 302	0.4	1 239	2.51
广　西	12.7	21 979	1 734	0.7	1 720	8.49
海　南	0.1	50	714			
重　庆	38.9	75 928	1 951	4.0	12 048	18.86
四　川	98.4	200 398	2 037	10.1	6 202	3.19
贵　州	200.0	325 037	1 625	16.8	-45 149	-12.20
云　南	476.0	1 018 239	2 139	56.1	64 276	6.74
西　藏						
陕　西	35.7	76 749	2 147	4.7	9 418	13.99
甘　肃	3.0	9 897	3 310	-0.1	-243	-2.40
青　海						
宁　夏	0.4	2 127	5 064	…	-223	-9.49
新　疆						

各地区蔬菜类播种面积和产量

地　　区	播种面积（千公顷）	总产量（吨）	每公顷产量（千克）	比上年增减		
				播种面积（千公顷）	总产量	
					绝对量（吨）	%
全国总计	**19 639.2**	**67 929.7**	**34 589**	**639.3**	**2 830.3**	**4.35**
北　京	66.8	296.9	44 442	-0.7	-6.1	-2.02
天　津	87.1	431.3	49 512	2.3	12.0	2.86
河　北	1 157.9	7 384.3	63 775	19.3	310.7	4.39
山　西	228.6	981.9	42 957	0.1	72.8	8.01
内蒙古	270.8	1 440.2	53 176	7.3	89.3	6.61
辽　宁	465.4	2 832.5	60 862	35.2	164.3	6.16
吉　林	236.9	971.4	41 010	-8.6	-107.4	-9.95
黑龙江	223.1	789.9	35 402	38.7	66.1	9.13
上　海	136.3	408.2	29 954	4.2	10.2	2.55
江　苏	1 260.2	4 586.9	36 398	30.4	352.9	8.33
浙　江	624.5	1 815.6	29 075	5.9	26.8	1.50
安　徽	789.0	2 214.0	28 061	14.8	76.6	3.59
福　建	679.4	1 623.4	23 897	12.5	60.1	3.84
江　西	535.5	1 165.7	21 768	14.3	50.4	4.52
山　东	1 791.2	9 180.9	51 256	20.4	150.2	1.66
河　南	1 720.1	6 709.7	39 008	16.0	85.5	1.29
湖　北	1 062.2	3 358.6	31 619	41.4	227.1	7.25
湖　南	1 193.8	3 337.4	27 956	60.7	214.5	6.87
广　东	1 208.8	2 851.0	23 585	29.0	132.4	4.87
广　西	1 040.7	2 246.4	21 585	33.1	117.0	5.49
海　南	225.0	469.1	20 850	10.4	26.6	6.02
重　庆	618.6	1 408.0	22 759	29.5	98.4	7.52
四　川	1 205.6	3 573.6	29 641	39.4	165.3	4.85
贵　州	708.5	1 250.1	17 643	60.6	48.0	3.99
云　南	735.1	1 340.0	18 228	63.9	85.0	6.77
西　藏	22.4	60.1	26 817	1.1	1.9	3.35
陕　西	458.3	1 432.5	31 258	14.3	48.5	3.50
甘　肃	415.4	1 320.6	31 791	20.4	85.1	6.89
青　海	42.0	144.6	34 399	-1.4	3.0	2.11
宁　夏	107.3	438.7	40 886	5.9	31.3	7.68
新　疆	322.6	1 866.2	57 845	19.0	131.8	7.60

各地区瓜果类播种面积和产量

地　　区	播种面积（千公顷）	总产量（万吨）	每公顷产量（千克）	比上年增减		
				播种面积（千公顷）	总产量	
					绝对量（万吨）	%
全国总计	**2 389.3**	**8 684.9**	**36 350**	**-0.1**	**148.7**	**1.74**
北　京	8.2	37.8	46 098	0.4	3.6	10.60
天　津	5.6	29.7	53 119	-0.2	0.9	3.21
河　北	105.2	514.1	48 858	1.1	13.4	2.67
山　西	24.8	62.5	25 210	1.9	-3.9	-5.81
内蒙古	66.2	254.6	38 434	3.6	13.7	5.68
辽　宁	50.4	236.4	46 899	1.8	24.8	11.73
吉　林	52.3	165.1	31 552	-0.1	12.1	7.92
黑龙江	61.7	225.6	36 572	-6.9	-7.4	-3.16
上　海	14.1	47.7	33 956	-3.2	-10.0	-17.36
江　苏	140.4	488.5	34 796	2.9	-13.0	-2.60
浙　江	106.0	312.9	29 530	-1.8	-5.9	-1.85
安　徽	171.1	604.8	35 344	5.4	35.2	6.18
福　建	36.1	81.9	22 723	0.4	3.7	4.68
江　西	72.8	192.9	26 497	0.1	21.6	12.64
山　东	273.4	1 362.3	49 824	-7.3	7.4	0.55
河　南	329.1	1 580.5	48 022	-12.6	-17.5	-1.09
湖　北	99.0	333.4	33 674	-5.2	-8.0	-2.34
湖　南	136.3	338.9	24 863	4.5	11.4	3.49
广　东	41.9	109.2	26 067	0.3	2.1	1.92
广　西	106.9	279.2	26 122	7.9	26.5	10.51
海　南	32.2	95.5	29 628	0.5	5.8	6.47
重　庆	21.5	40.2	18 714	-1.2	4.3	11.96
四　川	49.6	124.7	25 136	-0.3	1.3	1.07
贵　州	25.1	48.5	19 316		-5.3	-9.93
云　南	28.4	71.0	24 995	3.5	14.8	26.25
西　藏	0.1	0.4	26 283	…	-0.9	-69.98
陕　西	78.4	254.5	32 449	8.1	16.5	6.93
甘　肃	50.5	189.6	37 516	-1.6	0.5	0.26
青　海	0.7	3.1	43 468	0.1	0.7	28.53
宁　夏	82.2	164.8	20 058	1.8	0.9	0.53
新　疆	118.8	434.3	36 544	-3.9	-0.7	-0.16

各地区西瓜播种面积和产量

地区	播种面积（千公顷）	总产量（万吨）	每公顷产量（千克）	比上年增减		
				播种面积（千公顷）	总产量	
					绝对量（万吨）	%
全国总计	**1 803.2**	**6 889.3**	**38 207**	**-9.3**	**71.2**	**1.04**
北京	7.3	35.5	48 355	0.4	3.4	10.48
天津	4.2	24.4	58 378	-0.2	0.4	1.74
河北	74.2	389.8	52 556	-0.3	2.0	0.52
山西	20.7	54.2	26 149	1.8	-0.1	-0.10
内蒙古	42.9	181.7	42 375	2.3	5.3	2.98
辽宁	23.0	129.4	56 203	0.2	15.3	13.44
吉林	29.9	111.6	37 317	-1.6	13.4	13.66
黑龙江	33.8	145.6	43 056	-4.4	-6.9	-4.54
上海	10.2	37.0	36 163	-2.8	-9.0	-19.62
江苏	98.4	382.1	38 844	1.3	-9.7	-2.46
浙江	83.8	264.3	31 537	-3.1	-8.9	-3.27
安徽	136.3	510.9	37 483	4.4	31.8	6.63
福建	28.7	66.9	23 299	0.2	2.9	4.58
江西	63.6	158.0	24 852	0.7	6.4	4.24
山东	203.5	1 079.8	53 067	-9.6	-5.5	-0.51
河南	265.7	1 346.7	50 678	-18.8	-42.5	-3.06
湖北	83.2	277.1	33 318	-5.5	-20.5	-6.90
湖南	115.6	301.6	26 085	3.3	11.3	3.89
广东	29.6	79.0	26 656	-0.7	-0.9	-1.13
广西	94.7	255.5	26 983	7.1	24.4	10.58
海南	22.5	69.6	30 915	1.6	5.8	9.11
重庆	20.0	38.4	19 193	-0.8	4.7	14.09
四川	40.8	109.8	26 921	0.4	1.3	1.23
贵州	18.4	40.6	22 072	-0.6	-7.8	-16.11
云南	23.9	60.3	25 276	2.7	12.1	25.02
西藏	0.1	0.3	37 238	-0.1	-0.9	-75.52
陕西	56.8	200.4	35 274	5.4	10.4	5.47
甘肃	36.1	144.0	39 872	-2.0	2.1	1.51
青海	0.6	3.0	48 708	0.1	0.8	37.95
宁夏	74.0	151.7	20 517	1.2	1.3	0.85
新疆	60.7	240.1	39 567	7.9	28.8	13.60

各地区甜瓜播种面积和产量

地区	播种面积（千公顷）	总产量（万吨）	每公顷产量（千克）	比上年增减		
				播种面积（千公顷）	总产量	
					绝对量（万吨）	%
全国总计	**397.4**	**1 278.5**	**32 168**	**4.2**	**51.7**	**4.22**
北京	0.3	1.2	38 872	…	-0.1	-5.56
天津	0.9	3.2	37 137	…	-0.1	-3.59
河北	16.9	75.9	44 934	1.5	10.2	15.55
山西	3.7	6.3	17 284	0.3	0.3	5.18
内蒙古	20.8	66.3	31 835	2.9	8.4	14.42
辽宁	14.2	57.1	40 136	0.8	8.9	18.48
吉林	19.4	49.9	25 668	-0.2	1.8	3.66
黑龙江	19.8	58.3	29 397	-3.7	-3.9	-6.30
上海	2.9	9.0	30 529	-0.2	-0.4	-4.18
江苏	21.7	59.5	27 367	0.6	0.1	0.18
浙江	9.3	22.8	24 511	0.4	…	0.09
安徽	14.3	44.5	31 081	0.2	0.9	2.12
福建	4.2	8.8	21 224	0.1	0.5	5.48
江西	5.2	11.1	21 479	0.1	…	-0.03
山东	46.9	198.0	42 217	2.6	15.7	8.59
河南	58.6	219.9	37 532	9.1	34.1	18.34
湖北	14.1	41.5	29 399	0.1	-0.1	-0.36
湖南	16.9	33.3	19 761	0.2	-1.1	-3.30
广东	4.6	10.1	21 766	-0.2	-0.4	-3.88
广西	11.6	23.1	19 855	0.7	2.1	10.19
海南	2.4	5.0	20 432	-0.4	-2.4	-32.24
重庆	0.6	1.1	17 326	0.5	0.9	-0.98
四川	1.1	1.8	16 653	0.1	0.1	5.33
贵州	2.3	2.7	11 573		0.2	8.54
云南	0.7	2.0	29 724	-0.2	0.8	74.98
西藏						
陕西	12.5	38.2	30 583	-1.5	-3.3	-7.86
甘肃	5.6	22.0	39 189	1.0	6.0	37.34
青海						
宁夏	7.9	12.6	15 962	0.9	0.2	1.73
新疆	57.8	193.1	33 414	-11.7	-29.5	-13.26

各地区草莓播种面积和产量

地区	播种面积（千公顷）	总产量（万吨）	每公顷产量（千克）	比上年增减		
				播种面积（千公顷）	总产量	
					绝对量（万吨）	%
全国总计	**95.9**	**249.1**	**25 974**	**4.7**	**16.1**	**6.90**
北　京	0.5	1.1	19 639		0.3	45.47
天　津	…	0.1	37 750			
河　北	12.3	39.3	31 828	0.3	1.1	2.79
山　西	0.2	0.8	40 641	…	…	6.10
内蒙古	…	0.1	14 351	…	…	11.67
辽　宁	11.7	44.0	37 468	0.4	4.5	11.27
吉　林	0.8	1.1	13 788	-0.1	0.2	18.82
黑龙江	4.6	9.3	20 198	0.9	-1.9	-16.68
上　海	0.9	1.7	19 574	-0.3	-0.6	-24.35
江　苏	9.2	21.7	23 562	1.0	1.2	5.70
浙　江	4.0	9.1	22 797	0.3	0.5	5.44
安　徽	12.2	27.9	22 904	1.3	3.5	14.37
福　建	0.8	1.5	19 720	0.1	0.1	7.49
江　西	0.5	0.6	12 216	0.2	0.1	25.08
山　东	14.7	50.8	34 563	-0.1	1.8	3.73
河　南	4.8	14.0	29 047		1.3	10.23
湖　北	1.1	2.0	18 345	0.1	0.6	38.19
湖　南	3.8	4.0	10 487	1.0	1.3	46.76
广　东	0.9	1.7	18 746	…	…	-2.55
广　西	0.6	0.6	10 681	…	…	6.31
海　南	…	…	15 718			
重　庆	0.9	0.8	8 845	-0.1	-0.1	-10.07
四　川	5.6	8.5	15 244	0.8	1.2	16.47
贵　州	1.1	1.3	12 137	-0.1	…	…
云　南	0.5	1.0	19 734	0.1	0.4	60.64
西　藏	…	…	3 535			
陕　西	2.5	3.7	14 760	0.5	0.5	16.14
甘　肃	0.7	1.1	14 568		0.1	10.09
青　海	…	0.1	50 850		0.1	…
宁　夏	0.3	0.5	15 206	-0.1	0.3	32.44
新　疆	0.4	0.6	14 603	-0.2	-0.5	-46.97

各地区药材和其他作物播种面积

单位：千公顷

地区	药材	比上年增减（%）	其他作物	比上年增减（%）	青饲料	比上年增减(%)
全国总计	**1 385.2**	**11.53**	**5 876.2**	**-2.82**	**2 082.9**	**10.66**
北京	2.6	-12.97	10.3	6.06	3.5	-0.57
天津			2.2	-22.03	0.7	-2.86
河北	33.7	18.67	89.4	-12.26	63.2	-1.74
山西	23.2	6.05	20.8	-23.99	19.3	-11.40
内蒙古	28.9	9.15	420.4	1.17	224.7	-27.48
辽宁	23.4	11.21	31.7	-9.16	6.6	41.42
吉林	30.8	2.67	78.1	16.15	1.8	0.56
黑龙江	51.1	39.47	115.9	-6.48	67.2	2.47
上海	0.5	…	52.3	-11.57	7.2	-5.41
江苏	12.6	9.92	136.8	-6.04	28.5	-4.79
浙江	31.6	3.20	216.2	3.56	8.3	-3.16
安徽	74.4	16.25	112.0	-5.37	33.2	6.29
福建	12.8	6.54	141.0	2.68	55.4	0.96
江西	19.9	-1.14	353.9	-0.45	81.9	18.79
山东	28.7	-0.62	33.4	-26.87	1.1	…
河南	123.1	1.01	114.0	-35.17	5.8	-22.77
湖北	119.8	17.93	598.8	-12.86	294.3	
湖南	61.2	-2.06	506.2	-8.86	197.3	-9.00
广东	13.6	22.00	249.3	2.29	58.5	-2.52
广西	63.9	8.38	394.3	2.47	27.6	14.78
海南	4.2	13.69	45.2	-0.88	0.4	19.19
重庆	82.3	15.55	114.8	-5.16	72.4	-7.34
四川	98.8	3.89	352.4	-4.01	209.9	-6.22
贵州	44.4	57.73	425.0	4.27	147.0	13.51
云南	70.7	21.09	358.8	6.03	181.3	13.23
西藏			24.7	0.73	23.9	24.21
陕西	90.3	1.11	31.3	-18.11	20.9	-17.15
甘肃	185.6	12.23	200.2	12.17	97.5	-8.76
青海	19.0	77.45	38.4	-2.91	35.6	-5.94
宁夏	11.5	23.63	117.9	3.91	51.8	-12.03
新疆	22.9	14.45	490.1	3.89	56.5	-5.50

全国茶叶、水果产量和面积增减情况（一）

项目	2011年	2010年	2011年比2010年增减	
			绝对量	%
茶叶总产量（吨）	**1 623 214**	**1 475 069**	**148 145**	**10.04**
绿茶	1 137 646	1 046 382	91 265	8.72
青茶	199 747	179 951	19 796	11.00
红茶	113 679	68 134	45 545	66.85
黑茶	63 459	41 430	22 029	53.17
黄茶	391	394	-3	-0.76
白茶	14 267	12 212	2 055	14.40
其他茶	94 024	126 566	-32 542	-25.71
园林水果总产量（吨）	**140 833 016**	**128 652 691**	**12 180 324**	**9.47**
苹果	35 984 832	33 263 318	2 721 214	8.18
红富士	24 437 585	22 893 979	1 543 606	6.74
国光	1 876 938	1 639 798	237 140	14.46
梨	15 794 801	15 052 597	742 204	4.90
雪花梨	2 800 583	2 782 414	18 169	0.65
鸭梨	2 660 557	2 544 178	116 379	4.57
柑橘类	29 440 355	26 452 422	2 987 932	11.30
柑	9 273 378	8 280 402	992 976	11.99
橘	11 305 725	10 112 131	1 193 594	11.80
橙	5 540 757	4 891 454	649 304	13.27
柚	3 206 727	2 825 815	380 912	13.48
热带亚热带水果	16 787 785	15 456 835	1 330 950	8.61
香蕉	10 399 962	9 560 522	839 440	8.78
菠萝	1 191 062	1 076 042	115 020	10.69

全国茶叶、水果产量和面积增减情况（二）

项　　目	2011 年	2010 年	2011 年比 2010 年增减	
			绝对量	%
荔枝	1 897 179	1 773 945	123 234	6.95
龙眼	1 443 010	1 312 119	130 890	9.98
其他园林水果	42 436 026	38 422 661	4 013 365	10.45
桃	10 983 028	10 456 018	527 010	5.04
猕猴桃	1 255 374	1 069 794	185 580	17.35
葡萄	9 067 464	8 548 946	518 519	6.07
红枣	5 426 762	4 468 335	958 427	21.45
柿子	3 187 239	2 875 565	311 673	10.84
年末实有茶园面积（千公顷）	**2 112.5**	**1 970.2**	**142.4**	**7.23**
本年采摘面积	1 644.6	1 426.1	218.6	15.33
年末果园面积（千公顷）	**11 830.6**	**11 543.9**	**286.7**	**2.48**
苹果园	2 177.3	2 139.9	37.4	1.75
梨园	1 085.5	1 063.1	22.4	2.11
柑橘园	2 288.3	2 211.0	77.3	3.50
香蕉园	386.0	357.3	28.7	8.03
菠萝园	55.3	52.4	2.9	5.62
荔枝园	554.8	552.6	2.3	0.41
桃园	720.3	719.4	0.8	0.12
猕猴桃园	116.0	106.8	9.2	8.64
葡萄园	596.9	552.0	45.0	8.14

各地区茶叶产量和茶园面积（一）

地　区	茶叶总产量（吠）					
		绿　茶	青　茶	红　茶	黑　茶	黄　茶
全国总计	**1 623 214**	**1 137 646**	**199 747**	**113 679**	**63 459**	**391**
北　京						
天　津						
河　北						
山　西	8					
内蒙古						
辽　宁						
吉　林						
黑龙江						
上　海						
江　苏	14 580	12 028		2 353		
浙　江	169 724	163 794		1 330	3 067	
安　徽	87 598	81 412	70	4 228		201
福　建	295 976	106 376	157 450	22 707		
江　西	32 734	24 696	1 040	4 450	46	15
山　东	10 704	10 704				
河　南	49 447	44 352		5 095		
湖　北	184 165	148 509	3 948	19 374	8 492	
湖　南	132 787	67 426	3 535	15 401	37 652	14
广　东	59 637	25 300	27 252	1 279		8
广　西	44 410	32 830	336	5 626	789	
海　南	1 241	1 112		83		
重　庆	27 895	22 302	29	2 856		
四　川	186 207	147 168	4 061	2 584	13 040	145
贵　州	58 381	47 850	43	881	4	8
云　南	238 337	172 411	1 983	25 433	369	
西　藏	8	2				
陕　西	28 430	28 430				
甘　肃	944	944				
青　海						
宁　夏						
新　疆						

各地区茶叶产量和茶园面积（二）

地　　区	茶叶总产量（吨）		年末实有			
	白　茶	其他茶	茶园面积（千公顷）	比上年增长（%）	本年采摘面　　积	比上年增减（%）
全国总计	**14 267**	**94 024**	**2 112. 5**	**7. 23**	**1 644. 6**	**15. 33**
北　　京						
天　　津						
河　　北						
山　　西		8				
内 蒙 古						
辽　　宁						
吉　　林						
黑 龙 江						
上　　海						
江　　苏		199	32. 3	-0. 34	26. 7	-3. 33
浙　　江		1 533	182. 0	2. 26	164. 4	2. 81
安　　徽		1 687	138. 0	3. 35	122. 3	2. 20
福　　建	7 815	1 628	211. 3	5. 04	186. 0	4. 29
江　　西	211	2 276	59. 0	3. 91	45. 3	4. 96
山　　东			18. 8	2. 85	12. 7	4. 81
河　　南			78. 5	20. 52	71. 9	20. 01
湖　　北	95	3 747	243. 0	13. 22	174. 7	12. 04
湖　　南	3	8 756	102. 5	5. 66	83. 3	4. 64
广　　东	5 798		41. 1	0. 74	37. 2	9. 84
广　　西		4 829	53. 8	7. 68	45. 7	10. 51
海　　南		46	1. 1	-9. 47	1. 0	-12. 89
重　　庆		2 708	34. 7	7. 40	25. 4	6. 50
四　　川	262	18 947	239. 2	9. 27	167. 2	12. 60
贵　　州	83	9 512	196. 4	17. 45	95. 8	30. 17
云　　南		38 142	380. 0	3. 35	290. 3	38. 76
西　　藏		6	0. 2	-27. 27	0. 1	-16. 67
陕　　西			90. 8	6. 33	90. 8	67. 22
甘　　肃			10. 0	3. 09	4. 0	-1. 72
青　　海						
宁　　夏						
新　　疆						

各地区园林水果产量（一）

单位：吨

地　　区	园林水果总产量	比上年增减（%）	苹　果	红富士	国　光	梨	雪花梨
全国总计	**140 833 016**	**9.47**	**35 984 832**	**24 437 585**	**1 876 938**	**15 794 801**	**2 800 583**
北　京	830 681	2.56	104 626	86 423	9 452	161 712	27 803
天　津	329 468	5.36	55 256	40 987	2 383	39 276	14 373
河　北	12 050 753	8.40	2 926 425	1 904 746	250 989	4 068 629	845 607
山　西	5 553 130	35.95	3 339 390	2 445 043	54 809	590 119	39 249
内蒙古	468 409	25.75	105 730	4 054	13 691	77 229	655
辽　宁	5 743 860	10.13	2 396 805	1 026 217	776 301	1 401 586	89 353
吉　林	606 328	-6.83	144 152	3 535	28 149	133 163	7 818
黑龙江	542 336	16.29	113 984			40 224	
上　海	402 242	-8.92	42			31 671	
江　苏	2 685 837	13.31	616 738	391 543	1 145	729 747	30 284
浙　江	3 994 242	4.43				385 684	231 410
安　徽	2 417 902	2.60	411 238	96 662	4 486	1 004 351	53 837
福　建	6 059 326	7.34	306			197 218	
江　西	3 876 539	30.47				134 816	23 382
山　东	14 884 962	3.45	8 379 378	6 914 940	195 299	1 227 380	134 590
河　南	8 335 824	4.72	4 203 235	2 875 250	292 883	1 005 027	330 345
湖　北	5 217 789	19.36	9 903		1 039	462 901	462 901
湖　南	5 298 949	14.97				150 889	
广　东	12 050 549	6.76				73 849	
广　西	9 438 050	12.12				241 557	
海　南	3 081 697	7.99					
重　庆	2 209 126	9.06	5 711	100	150	303 782	61 249
四　川	6 519 527	8.74	456 775	139 527	14 937	923 356	312 698
贵　州	795 243	14.23	21 668	9 125	1 679	195 363	13 207
云　南	4 053 898	18.66	252 886	147 961	11 762	364 142	86 131
西　藏	9 858	3.95	5 453		7	1 170	
陕　西	13 326 763	7.60	9 029 316	6 335 695	147 279	881 483	27 701
甘　肃	3 295 096	10.04	2 276 003	1 365 601	1 269	333 848	167
青　海	13 511	-6.09	5 773	1 772	587		
宁　夏	724 650	11.63	408 903	226 284	52 933	28 900	4 325
新　疆	6 016 470	1.31	715 136	422 119	15 709	605 731	3 498

各地区园林水果产量（二）

单位：吨

地　区	梨							
	鸭　梨	柑橘类	柑	橘	橙	柚	热带亚热带水果	香　蕉
全国总计	**2 660 557**	**29 440 355**	**9 273 378**	**11 305 725**	**5 540 757**	**3 206 727**	**16 787 785**	**10 399 962**
北　京	37 134							
天　津	2 957							
河　北	1 794 191							
山　西	11 986							
内蒙古	1 090							
辽　宁	65 342							
吉　林	8 536							
黑龙江								
上　海		176 846		176 846				
江　苏	12 475	51 025	23 866	27 159				
浙　江	19 285	1 944 436	710 354	1 009 460	25 930	185 863		
安　徽	17 750	28 843	928	27 650	84			
福　建		3 004 118	557 495	988 610	230 143	1 196 115	1 797 809	869 735
江　西	11 448	3 567 102	329 319	1 824 968	1 363 858	48 957		
山　东	323 760							
河　南	68 837	39 443		39 443				
湖　北		3 309 737	1 105 251	1 758 874	371 250	74 362		
湖　南	150 889	4 204 175	1 915 360	2 037 006	522 142	114 159		
广　东		3 786 809	735 650	2 170 135	260 040	620 984	6 535 687	3 848 889
广　西		3 549 753	2 102 733	144 588	829 635	472 797	3 509 061	2 057 463
海　南		45 385	2 340	3 397	35 702	3 946	2 894 260	1 892 265
重　庆	19 329	1 533 332	290 231	136 002	831 513	149 548	14 341	1 850
四　川	69 516	3 194 008	1 051 073	547 992	983 567	312 075	129 441	36 499
贵　州	8 129	208 140	82 898	71 045	32 040	13 940	7 144	5 900
云　南	19 928	450 390	165 331	201 527	54 441	9 401	1 900 042	1 687 361
西　藏		499		251				
陕　西	14 118	342 801	200 549	137 259	413	4 580		
甘　肃	95	3 505		3 505				
青　海								
宁　夏	1 980							
新　疆	1 782							

各地区园林水果产量（三）

单位：吨

地　区	热带亚热带水果			其他园林水果					
	菠　萝	荔　枝	龙　眼		桃	猕猴桃	葡　萄	红　枣	柿　子
全国总计	**1 191 062**	**1 897 179**	**1 443 010**	**42 436 026**	**10 983 028**	**1 255 374**	**9 067 464**	**5 426 762**	**3 187 239**
北　京				564 343	404 280	15	41 552	11 031	46 990
天　津				234 936	57 828		122 956	34 026	7 712
河　北				5 055 699	1 526 760	212	1 125 481	1 253 857	470 458
山　西				1 623 621	441 367	346	259 294	577 772	107 102
内蒙古				285 444			74 116		
辽　宁				1 945 469	568 329	90	672 695	110 298	
吉　林				329 013	1 295		142 394		
黑龙江				388 128			62 120		
上　海				193 683	92 284	661	95 429	1 312	1 287
江　苏				1 288 327	500 892	4 290	392 234	11 738	133 589
浙　江				1 664 122	383 242	16 745	527 356		50 434
安　徽				973 470	424 137	976	259 177	17 993	135 262
福　建	39 095	147 278	250 005	1 059 875	236 575	3 817	111 966	19	178 157
江　西				174 621	49 944	13 336	33 152		19 089
山　东				5 278 204	2 401 492	2 872	985 070	1 016 000	162 118
河　南				3 088 119	1 085 727	289 315	500 852	401 262	496 033
湖　北				1 435 248	690 156	13 327	151 896	31 340	57 391
湖　南				559 393	124 446	45 487	118 860	26 385	18 331
广　东	769 137	1 063 782	654 801	1 654 204	85 022				135 063
广　西	29 341	531 924	473 648	2 137 679	190 028	2 488	272 250	21 271	672 793
海　南	316 684	134 229	41 028	142 052					
重　庆	505	310	3 309	351 960	87 466	7 463	54 055	4 972	13 180
四　川		5 987	11 970	1 815 947	449 343	100 001	243 379	13 831	46 797
贵　州	1	209	381	362 928	100 495	16 967	80 351	1 461	12 456
云　南	36 299	13 460	7 868	1 086 438	193 759	1 083	356 139	12 109	61 600
西　藏				2 736	1 119		399		
陕　西				3 073 163	567 449	735 748	363 839	637 270	341 867
甘　肃				681 740	183 199	136	124 666	119 354	19 529
青　海				3 013	979		97		
宁　夏				286 847	26 203		140 965	65 477	
新　疆				4 695 603	109 212		1 754 725	1 057 983	

各地区果园面积（一）

单位：千公顷

地　区	年末果园面　积	比上年增减（%）	苹　果	梨	柑　橘
全国总计	**11 830.6**	**2.48**	**2 177.3**	**1 085.5**	**2 288.3**
北　京	63.5	-2.26	7.8	9.1	
天　津	32.9	-4.34	4.5	3.7	
河　北	1 047.4	-1.60	236.7	193.4	
山　西	322.6	9.57	144.7	33.5	
内蒙古	66.8	1.35	18.9	5.8	
辽　宁	359.9	1.61	134.0	98.8	
吉　林	55.3	-5.73	12.8	14.8	
黑龙江	35.0	-3.24	10.9	4.6	
上　海	20.9	-9.76		1.8	7.5
江　苏	203.0	5.99	35.8	39.5	3.4
浙　江	320.9	-0.02		24.4	112.2
安　徽	110.0	2.69	16.8	36.5	2.7
福　建	531.2	-0.93	…	22.0	175.8
江　西	381.6	2.14		26.5	308.0
山　东	592.0	1.89	276.3	43.8	
河　南	465.5	2.26	180.5	49.6	10.8
湖　北	398.8	6.15	1.9	48.8	244.5
湖　南	537.1	3.37		33.1	390.8
广　东	1 096.6	1.09		7.7	290.0
广　西	970.0	3.40		20.7	206.6
海　南	182.8	4.75			5.2
重　庆	264.8	6.48	1.4	35.9	147.5
四　川	580.9	5.19	30.5	81.9	267.8
贵　州	169.0	11.32	6.5	45.4	43.2
云　南	348.5	10.56	31.9	48.9	36.5
西　藏	2.2	15.59	1.4	0.1	…
陕　西	1 121.2	3.50	623.2	49.2	35.5
甘　肃	430.0	2.40	274.8	33.3	0.3
青　海	5.1	-0.79	2.0	0.8	
宁　夏	124.9	4.56	40.5	2.3	
新　疆	990.3	-0.14	83.3	69.9	

各地区果园面积（二）

单位：千公顷

地　　区	年末果园面积					
	香　蕉	菠　萝	荔　枝	桃	猕猴桃	葡　萄
全国总计	**386.0**	**55.3**	**554.8**	**720.3**	**116.0**	**596.9**
北　京				20.4	…	3.0
天　津				3.8		5.2
河　北				82.6	0.1	73.7
山　西				17.6	…	9.7
内蒙古						7.4
辽　宁				23.9	…	27.4
吉　林				0.3		12.2
黑龙江						3.0
上　海				5.9	0.2	4.6
江　苏				37.5	0.5	25.4
浙　江				25.9	3.6	22.5
安　徽				27.0	0.2	9.6
福　建	27.6	3.4	33.0	25.8	0.5	6.3
江　西						
山　东				96.4	0.5	35.8
河　南				75.5	9.6	30.2
湖　北				56.6	4.5	8.5
湖　南				30.1	9.8	20.1
广　东	125.5	29.1	273.1	6.7		
广　西	85.1	3.4	213.0	21.3	0.4	20.7
海　南	65.2	15.3	23.4			
重　庆	0.1	…	5.5	10.3	5.1	5.6
四　川	1.3		3.4	47.0	24.0	20.7
贵　州	1.4		0.4	22.0	6.5	11.1
云　南	79.8	4.1	2.9	25.7	0.4	19.2
西　藏				0.2		…
陕　西				30.4	50.3	31.6
甘　肃				12.4		20.8
青　海				…		0.1
宁　夏				1.8		27.1
新　疆				12.9		135.5

全国热带、亚热带作物面积和产量

单位：千公顷

指　　标	全国总计					
		福建	广东	广西	海南	云南
橡胶（按干胶片计算产量）						
年末实有面积	1 078.30		43.20	3.45	501.36	530.29
当年新植	48.10		1.93	0.07	23.46	22.64
收获面积	597.77		27.94	0.99	346.33	222.51
产量（吨）	750 853		15 474	213	371 754	363 412
咖啡豆（按干咖啡豆计算产量）						
年末实有面积	61.68				0.37	61.32
当年新植	18.59				0.14	18.45
收获面积	29.55				0.14	29.41
产量（吨）	65 385				269	65 116
椰子（按果实计算产量）						
年末实有面积	38.03		0.17		37.82	0.04
当年新植	0.18		…		0.16	
收获面积	29.15		0.14		28.97	0.04
产量（万个）	23 909		104		23 765	40
腰果（按干果计算产量）						
年末实有面积	0.24				0.24	
当年新植						
收获面积	0.18				0.18	
产量（吨）	245				245	
香料作物（折香料油）						
年末实有面积	6.00					6.00
当年新植	0.25					0.25
收获面积	5.07					5.07
产量（吨）	1 130					1 130
香茅草						
年末实有面积	4.92					4.92
当年新植	0.18					0.18
收获面积	4.46					4.46
产量（吨）	799					799
剑（番）麻（折纤维）						
年末实有面积	32.64		6.11	24.45	1.68	0.39
当年新植	0.69		0.14	0.55		
收获面积	22.84		5.25	16.19	1.40	
产量（吨）	100 284		33 318	61 565	5 401	0.1

全国花卉产销情况

类 型	销售量		种植面积（公顷）	销售额（万元）	出口额（万美元）
	单位	数量			
合计			**1 024 010.8**	**10 685 350.1**	**48 024.4**
鲜切花类	万枝	1 873 753.8	57 934.8	1 273 575.7	24 709.1
鲜切花	万枝	1 560 635.0	45 725.5	1 118 206.8	20 060.4
鲜切叶	万枝	205 251.7	6 805.3	99 284.2	3 324.5
鲜切枝	万枝	107 867.2	5 404.0	56 084.8	1 324.2
盆栽植物类	万盆	496 022.4	90 740.8	2 410 849.4	10 360.1
盆栽植物	万盆	209 798.3	54 119.3	1 626 537.6	6 104.7
盆景	万盆	34 908.0	14 529.3	406 295.3	3 988.4
花坛植物	万盆	251 316.1	22 092.2	378 016.5	267.0
观赏苗木	万株	1 230 915.3	561 658.0	5 443 266.9	4 273.8
食用与药用花卉	千克	135 422 860.7	188 390.8	859 426.6	300.3
工业及其他用途花卉	吨	6 101 067.0	59 118.1	186 086.1	5 366.2
草坪	万平方米	91 928.9	44 676.5	223 439.0	
种子用花卉	千克	91 928.9	6 172.6	35 333.5	562.2
种苗用花卉	万株	184 470.0	10 760.9	166 086.5	1 153.4
种球用花卉	万粒	66 026.2	4 514.3	75 574.8	129.0
干燥花			44.1	11 710.7	1 170.3

注：食用与药用花卉计算干重；工业及其他用途花卉计算鲜重。

全国花卉保护地栽培情况

单位：万平方米

项 目	合 计	温 室	节能日光温室	大（中、小）棚	遮荫棚
面积	93 272.3	23 398.0	14 302.3	39 360.3	30 514.05

全国花卉经营实体

项　目	单　位	2011 年	2010 年	2011 年比 2010 年增减	
				绝对量	%
花卉市场	个	3 178	2 865	313	10.92
花卉企业	个	66 487	55 838	10 649	19.07
大中型企业	个	12 641	10 844	1 797	16.57
花农	户	1 649 980	1 525 649	124 331	8.15
从业人员	人	4 676 991	4 581 794	95 197	2.08
专业技术人员	人	195 180	159 861	35 319	22.09

注：花卉大中型企业是指种植面积在 3 公顷以上或年营业额在 500 万元以上的企业。

全国主要花卉产销情况

品　种	种植面积（公顷）	销售量	销售额（万元）
主要鲜切花（万枝）	42 984.7	1 607 102.5	1 069 910.0
现代月季	12 529.7	452 266.9	289 205.1
香石竹	3 582.4	293 010.8	80 396.3
百合	8 831.0	174 225.9	435 031.7
唐菖蒲	3 413.9	76 534.8	38 823.5
菊花	5 718.7	210 540.1	74 559.6
非洲菊	5 444.2	343 520.7	103 597.8
主要盆栽植物（万盆）	37 779.8	176 571.3	1 193 878.4
凤梨类	6 127.7	18 362.4	200 762.9
兰花类	12 319.9	57 031.0	525 396.1
花烛属类	2 773.2	10 122.3	75 553.0
观叶芋类	5 182.6	13 188.4	103 132.2
杜鹃花类	713.2	2 741.4	22 701.9

三、畜 牧 业

全国主要畜牧业生产情况

指　标	单　位	2011 年	2010 年	2011 年比 2010 年增减	
				绝对数	%
大牲畜年末存栏	**万头**	**11 966.2**	**12 238.5**	**-272.3**	**-2.23**
牛	万头	10 360.5	10 626.4	-265.9	-2.50
马	万匹	670.9	677.1	-6.2	-0.92
驴	万头	647.8	639.7	8.1	1.26
骡	万头	259.8	269.7	-9.9	-3.68
骆驼	万峰	27.3	25.6	1.7	6.56
猪年末存栏	**万头**	**46 766.9**	**46 460.0**	**306.9**	**0.66**
羊年末存栏	**万只**	**28 235.8**	**28 087.9**	**147.9**	**0.53**
山羊	万只	14 274.2	14 203.9	70.3	0.50
绵羊	万只	13 961.5	13 884.0	77.5	0.56
猪出栏	**万头**	**66 170.3**	**66 686.4**	**-516.1**	**-0.77**
牛出栏	**万头**	**4 670.7**	**4 716.8**	**-46.1**	**-0.98**
肉类总产量	**万吨**	**7 957.8**	**7 925.8**	**32.0**	**0.40**
猪牛羊肉	万吨	6 093.7	6 123.2	-29.5	-0.48
猪肉	万吨	5 053.1	5 071.2	-18.1	-0.36
牛肉	万吨	647.5	653.1	-5.6	-0.86
羊肉	万吨	393.1	398.9	-5.8	-1.45
奶类	**万吨**	**3 810.7**	**3 748.0**	**62.7**	**1.67**
牛奶	万吨	3 657.8	3 575.6	82.2	2.30
绵羊毛	**吨**	**393 072.2**	**386 768.0**	**6 304.2**	**1.63**
细羊毛	吨	132 835.7	123 174.0	9 661.7	7.84
半细羊毛	吨	120 118.7	114 944.0	5 174.7	4.50
山羊毛	**吨**	**44 047.0**	**42 714.0**	**1 333.0**	**3.12**
羊绒	**吨**	**17 989.1**	**18 519.0**	**-529.9**	**-2.86**
禽蛋	**万吨**	**2 811.4**	**2 762.7**	**48.7**	**1.76**
蜂蜜	**万吨**	**43.1**	**40.1**	**3.0**	**7.52**

各地区主要畜禽出栏量

地区	猪（万头）	牛（万头）	羊（万只）	马（万匹）	驴（万头）	骡（万匹）	家禽（亿只）	兔（万只）
全国总计	**66 170.3**	**4 670.7**	**26 661.5**	**160.85**	**239.93**	**52.34**	**113.27**	**47 470.4**
北京	312.2	11.4	78.6	0.01	0.14	0.02	1.07	12.6
天津	352.7	18.0	66.0	0.02	0.11	0.02	0.72	17.2
河北	3 235.8	339.0	2 050.7	10.38	29.98	9.93	5.07	2 932.3
山西	672.1	31.4	401.7	0.40	4.00	1.97	0.60	484.3
内蒙古	905.1	306.8	5 300.2	30.47	45.29	7.95	0.94	528.6
辽宁	2 652.1	281.8	725.8	9.30	46.87	6.08	7.35	169.9
吉林	1 480.2	294.3	310.9	17.97	17.41	6.69	3.88	605.1
黑龙江	1 635.9	252.8	716.6	5.55	2.98	1.18	1.86	217.4
上海	267.0		41.2				0.43	6.6
江苏	2 878.2	19.4	663.7	0.14	1.54	0.31	8.41	3 912.2
浙江	1 929.9	8.0	111.6				2.43	537.0
安徽	2 721.1	120.4	988.5	0.03	0.08	0.01	6.78	248.8
福建	1 950.4	23.3	138.5				2.18	1 850.2
江西	2 884.8	125.9	70.5				4.14	328.2
山东	4 234.2	433.4	2 901.2	1.13	4.72	0.98	17.33	5 813.0
河南	5 361.2	545.0	2 050.0	8.52	19.03	3.07	8.89	4 039.0
湖北	3 871.4	126.4	501.9	0.16	0.10	0.06	4.59	248.9
湖南	5 575.9	141.5	633.1	0.18	0.34	0.05	3.93	582.2
广东	3 664.1	55.9	50.8				11.18	294.9
广西	3 195.1	150.4	205.0	2.85		0.02	7.92	554.7
海南	513.7	25.6	83.4				1.38	18.8
重庆	2 020.9	51.9	202.6	0.36	0.02	0.13	2.09	3 870.1
四川	7 002.6	251.1	1 550.8	1.77	0.75	0.60	5.79	18 653.5
贵州	1 689.7	97.2	197.3	10.62	0.02	0.71	0.89	112.8
云南	2 964.7	273.3	735.5	10.08	6.95	6.25	1.95	113.8
西藏	16.4	127.5	535.8	10.33	1.42	0.20	0.01	
陕西	1 063.7	50.5	434.2	0.25	2.33	0.92	0.42	253.3
甘肃	633.1	157.7	969.0	2.30	14.62	3.21	0.34	159.8
青海	130.2	95.0	588.7	1.98	1.01	0.90	0.04	73.3
宁夏	99.7	52.0	443.9	0.14	3.52	0.82	0.11	18.5
新疆	256.1	203.9	2 913.8	35.93	36.69	0.27	0.53	813.7

各地区主要牲畜年末存栏情况（一）

地区	大牲畜（万头）		牛（万头）			马（万匹）	驴（万头）	骡（万头）
		役畜		肉牛	奶牛			
全国总计	11 966.2	3 194.7	10 360.5	6 646.4	1 440.2	670.9	647.8	259.8
北京	22.3	…	21.1	6.0	15.1	0.2	0.8	0.2
天津	30.0	0.1	29.4	13.5	15.8	0.1	0.4	0.2
河北	495.7	97.4	400.3	152.1	188.7	18.2	55.8	21.4
山西	121.2	50.5	86.1	32.5	28.0	1.6	18.5	15.0
内蒙古	846.0	110.1	634.5	342.1	275.1	74.6	94.3	31.7
辽宁	530.8	118.3	371.2	329.3	33.1	24.8	116.3	18.5
吉林	508.9	85.6	423.7	395.4	18.0	43.4	28.8	12.9
黑龙江	557.7	44.4	518.8	318.9	192.7	26.7	8.7	3.4
上海	7.0	0.1	7.0		6.9			
江苏	39.1	8.8	34.1	8.6	21.5	0.4	3.6	1.1
浙江	19.1	1.6	19.1	11.5	6.1			
安徽	147.7	14.0	147.2	123.0	10.3	0.1	0.2	0.1
福建	69.8	34.7	69.8	29.9	5.2	…		
江西	281.4	53.5	281.4	220.7	7.2			
山东	509.1	58.9	492.9	310.3	125.7	3.1	11.1	1.9
河南	988.6	257.7	955.0	612.9	96.1	12.6	16.3	4.7
湖北	321.8	127.4	320.5	188.3	6.2	0.8	0.4	0.1
湖南	430.8	154.0	425.6	261.4	13.2	4.3	0.7	0.2
广东	234.0	119.6	233.8	108.6	5.7	0.2		
广西	486.6	382.0	441.7	97.2	4.4	39.5	0.1	5.3
海南	90.5	40.1	90.5	49.5	0.9			
重庆	127.9	45.6	124.5	78.0	2.9	2.2	0.3	0.9
四川	1 093.3	506.7	968.3	490.3	20.0	103.3	10.4	11.3
贵州	550.8	239.9	467.1	275.0	4.2	80.3	0.2	3.3
云南	927.7	195.5	745.7	669.9	14.8	75.9	39.3	66.9
西藏	660.4	156.0	614.9	461.9	37.1	35.6	8.1	1.8
陕西	170.1	22.1	150.1	103.0	45.2	0.7	14.2	5.1
甘肃	593.1	68.3	433.9	403.8	29.3	14.2	101.2	41.9
青海	478.8	36.4	442.4	401.7	30.3	22.3	5.4	7.7
宁夏	103.1	7.3	91.8	61.9	29.8	0.3	7.8	3.2
新疆	523.0	158.2	318.2	89.5	150.7	85.7	104.7	1.1

各地区主要牲畜年末存栏情况（二）

地区	骆驼（万峰）	猪（万头）		羊（万只）			家禽（万只）
			能繁育母猪		山羊	绵羊	
全国总计	**27.3**	**46 766.9**	**4 911.6**	**28 235.8**	**14 274.2**	**13 961.5**	**555 432.7**
北京		179.3	23.2	57.8	16.0	41.7	2 662.8
天津		191.3	22.4	36.1	4.6	31.5	2 315.5
河北		1 885.2	190.6	1 457.2	467.5	989.7	35 668.3
山西	…	446.1	52.3	778.7	369.2	409.5	6 282.1
内蒙古	10.9	684.2	90.7	5 276.0	1 706.1	3 569.8	4 735.5
辽宁		1 585.4	210.5	725.6	401.8	323.8	39 152.2
吉林		989.3	113.1	391.6	102.1	289.5	15 302.8
黑龙江		1 367.9	132.4	915.7	337.3	578.4	13 715.9
上海		180.7	16.7	24.4	23.3	1.1	1 420.0
江苏		1 745.5	146.2	415.6	405.7	9.9	34 741.9
浙江		1 281.9	128.5	109.5	41.9	67.5	12 416.4
安徽		1 467.3	136.0	591.6	590.6	1.0	23 906.0
福建		1 297.8	130.1	107.6	107.6		8 424.2
江西		1 570.5	157.4	53.9	53.9		19 451.6
山东		2 837.1	311.1	2 150.9	1 638.9	512.0	58 330.5
河南		4 569.0	486.0	1 865.0	1 785.0	80.0	64 642.0
湖北		2 533.1	247.7	422.0	421.6	0.4	29 812.3
湖南		4 158.2	423.4	512.6	511.1	1.5	27 563.8
广东		2 300.6	253.6	40.6	40.6		36 998.9
广西		2 412.0	284.4	198.2	198.2		30 282.6
海南		416.5	61.5	70.1	70.1		4 666.7
重庆		1 540.6	147.2	176.7	176.6	0.2	11 627.5
四川		5 101.8	500.3	1 661.7	1 435.6	226.1	37 519.8
贵州		1 521.6	150.1	256.5	243.3	13.2	7 698.1
云南		2 689.8	290.7	900.9	802.7	98.2	11 949.6
西藏		32.3	10.3	1 646.1	607.7	1 038.3	122.6
陕西		880.0	85.0	643.0	529.5	113.5	6 255.0
甘肃	2.0	560.3	66.9	1 757.1	376.6	1 380.5	3 676.6
青海	1.0	115.2	12.9	1 497.5	193.6	1 303.9	242.2
宁夏	…	68.3	8.3	479.5	125.9	353.6	884.5
新疆	13.3	158.2	22.0	3 016.4	489.7	2 526.7	2 964.6

各地区畜牧业主要产品产量（一）

单位：万吨

地　区	肉类总产量	猪牛羊肉			
			猪　肉	牛　肉	羊　肉
全国总计	**7 957.84**	**6 093.73**	**5 053.13**	**647.49**	**393.10**
北　京	44.42	27.61	24.21	2.10	1.29
天　津	42.92	32.17	27.60	3.08	1.49
河　北	418.18	329.47	246.60	54.46	28.41
山　西	71.30	62.25	52.20	4.50	5.55
内蒙古	237.42	208.26	71.30	49.73	87.23
辽　宁	408.17	275.81	225.90	42.00	7.91
吉　林	243.91	169.29	121.99	43.40	3.90
黑龙江	201.21	167.99	116.90	39.34	11.75
上　海	27.59	19.67	19.12		0.55
江　苏	375.92	226.76	215.86	3.58	7.32
浙　江	175.95	138.82	135.83	1.15	1.84
安　徽	375.47	265.07	233.07	17.82	14.18
福　建	182.96	150.85	146.60	2.35	1.90
江　西	295.60	236.89	224.10	11.70	1.09
山　东	711.05	445.62	346.90	66.23	32.49
河　南	641.65	513.20	406.40	82.00	24.80
湖　北	381.93	316.73	290.54	18.17	8.02
湖　南	489.48	432.53	406.10	16.20	10.23
广　东	434.68	278.45	270.97	6.56	0.93
广　西	391.08	257.27	239.79	14.27	3.21
海　南	71.64	45.67	42.20	2.35	1.11
重　庆	196.28	157.81	148.55	6.65	2.61
四　川	651.17	537.63	484.80	28.93	23.90
贵　州	179.97	163.66	148.29	12.00	3.37
云　南	324.36	287.58	243.86	30.69	13.03
西　藏	26.14	24.76	1.36	14.77	8.63
陕　西	99.60	91.39	77.30	7.39	6.70
甘　肃	83.75	77.38	45.81	16.14	15.43
青　海	28.84	27.80	9.16	8.70	9.94
宁　夏	25.24	22.65	7.32	7.48	7.85
新　疆	119.98	102.70	22.50	33.76	46.44

各地区畜牧业主要产品产量（二）

单位：万吨

地　区	禽　肉	奶　类		禽　蛋	蜂　蜜（吨）	山羊毛（吨）
			牛奶			
全国总计	**1 708.80**	**3 810.69**	**3 657.85**	**2 811.42**	**431 157.0**	**44 047.0**
北　京	16.69	63.98	63.98	15.15	3 269.6	62.9
天　津	10.11	69.39	69.09	18.67	66.0	2.0
河　北	74.51	466.94	458.90	339.84	11 582.0	2 683.0
山　西	7.40	75.88	74.60	71.00	4 135.8	1 293.9
内蒙古	20.85	931.44	908.20	52.52	3 193.6	12 561.2
辽　宁	125.20	131.98	124.50	277.40	1 659.0	2 169.0
吉　林	67.82	46.03	45.24	95.29	15 155.0	1 011.3
黑龙江	30.95	550.36	543.10	105.41	20 370.0	1 464.0
上　海	7.08	29.08	29.08	6.30	759.0	181.0
江　苏	138.87	59.17	59.17	194.86	4 116.0	0.8
浙　江	35.97	19.91	19.91	47.17	78 345.0	424.0
安　徽	109.05	22.52	22.51	119.65	18 287.0	127.0
福　建	28.91	15.79	15.47	25.22	9 105.0	
江　西	57.10	12.25	11.80	44.50	12 782.3	
山　东	254.54	278.95	268.87	401.19	5 998.2	4 083.2
河　南	111.40	321.14	306.60	390.50	99 651.7	5 770.0
湖　北	64.32	34.78	14.22	137.03	23 163.0	4.9
湖　南	54.70	8.10	8.10	93.50	10 990.0	3.0
广　东	150.28	14.51	14.23	34.84	16 079.0	6.0
广　西	128.84	8.88	8.88	21.00	9 752.0	
海　南	23.69	0.19	0.19	3.32	737.4	
重　庆	32.62	8.00	8.00	37.42	12 386.0	3.0
四　川	86.88	71.72	71.20	144.85	43 344.0	510.0
贵　州	14.35	4.85	4.85	13.65	2 029.2	158.1
云　南	33.83	56.62	52.39	21.65	7 352.0	155.0
西　藏	0.13	29.82	23.80	0.33	53.9	1 582.0
陕　西	6.90	182.37	140.50	50.30	4 457.3	2 248.5
甘　肃	4.26	37.69	37.01	14.20	888.0	1 877.0
青　海	0.66	28.45	26.96	1.76	1 044.0	1 874.0
宁　夏	2.08	96.00	96.00	7.29	864.0	623.0
新　疆	8.80	133.91	130.50	25.61	9 542.0	3 169.0

各地区畜牧业主要产品产量（三）

单位：吨

地区	绵羊毛			羊绒	蚕茧		
		细羊毛	半细羊毛			桑蚕茧	柞蚕茧
全国总计	**393 072.2**	**132 835.7**	**120 118.7**	**17 989.1**	**915 729.8**	**836 251.7**	**79 478.1**
北　京	296.2	9.7	73.8	35.0			
天　津	518.0	60.0	458.0				
河　北	28 748.0	4 122.0	15 570.0	776.0	1 620.0	920.0	700.0
山　西	6 855.1	2 188.8	2 392.7	648.0	5 814.8	5 814.8	
内蒙古	106 599.5	58 854.1	14 313.0	7 643.8	7 318.0	268.0	7 050.0
辽　宁	13 471.0	2 405.0	7 717.0	1 116.0	54 930.0	103.0	54 827.0
吉　林	23 093.9	12 398.8	9 618.8	185.5	4 097.8		4 097.8
黑龙江	28 952.0	5 532.0	21 180.0	701.0	5 308.4		5 308.4
上　海	49.0						
江　苏	326.0	83.0	243.0		70 680.0	70 680.0	
浙　江	1 993.9		1 993.9		65 308.0	65 308.0	
安　徽	148.0	9.0	139.0		32 335.0	32 335.0	
福　建					1.0	1.0	
江　西					7 230.0	7 230.0	
山　东	8 922.7	1 626.9	4 570.2	727.9	35 942.9	35 614.5	328.4
河　南	8 250.0	875.3	4 830.4	858.8	26 128.5	19 063.0	7 065.5
湖　北	3.5	0.0	3.5	101.0	8 356.0	8 256.0	100.0
湖　南					258.0	258.0	
广　东					96 128.0	96 128.0	
广　西					296 263.0	296 263.0	
海　南					297.7	297.7	
重　庆	4.0	4.0			20 118.0	20 118.0	
四　川	7 152.0	967.0	4 206.0	30.0	112 164.0	112 164.0	
贵　州	438.5	126.0	309.0	3.0	472.2	471.2	1.0
云　南	1 602.0	172.0	1 074.0	5.0	29 387.0	29 387.0	
西　藏	8 514.3	443.1	3 091.8	1 017.6			
陕　西	6 074.6	2 606.1	1 891.5	1 642.3	35 141.4	35 141.4	
甘　肃	28 993.0	9 349.0	5 881.0	375.0	429.0	429.0	
青　海	17 537.0	525.0	5 185.0	414.1			
宁　夏	7 612.0	895.0	1 899.0	448.0			
新　疆	86 918.0	29 584.0	13 478.0	1 261.0	1.1	1.1	

四、饲料工业

各地区饲料加工生产情况

地　　区	饲料总产量（万吨）	配合饲料	浓缩饲料	添加剂预混合饲料
全国总计	**18 062.64**	**14 915.01**	**2 542.53**	**605.10**
北　　京	341.57	267.42	23.23	50.92
天　　津	254.40	165.16	63.27	25.96
河　　北	1 150.10	967.46	169.01	13.64
山　　西	312.81	209.87	97.24	5.71
内 蒙 古	315.02	216.72	93.40	4.90
辽　　宁	1 216.20	821.67	370.12	24.41
吉　　林	460.37	299.27	156.29	4.80
黑 龙 江	682.90	347.50	308.60	26.80
上　　海	152.04	116.80	14.14	21.10
江　　苏	823.83	766.99	27.58	29.26
浙　　江	516.39	492.08	5.46	18.85
安　　徽	418.94	360.12	43.07	15.75
福　　建	620.29	581.89	11.91	26.50
江　　西	550.11	430.83	77.56	41.71
山　　东	2 050.36	1 891.07	91.90	67.39
河　　南	1 262.18	978.25	247.28	36.66
湖　　北	527.97	466.42	48.06	13.49
湖　　南	1 006.00	865.58	90.41	50.01
广　　东	2 095.16	2 010.13	32.30	52.73
广　　西	806.82	766.50	32.13	8.19
海　　南	196.92	191.55	0.85	4.52
重　　庆	208.20	163.14	37.82	7.23
四　　川	885.09	752.38	103.30	29.41
贵　　州	71.84	38.44	33.17	0.22
云　　南	370.19	270.67	95.34	4.19
西　　藏				
陕　　西	410.26	226.92	168.86	14.48
甘　　肃	135.02	78.88	55.26	0.88
青　　海	8.70	8.52	…	0.18
宁　　夏	72.13	43.88	26.68	1.57
新　　疆	140.81	118.90	18.29	3.62

各地区配合饲料生产情况

单位：万吨

地　区	配合饲料						
		猪　料	蛋禽料	肉禽料	水产料	反刍料	其他料
全国总计	**14 915.01**	**5 049.95**	**2 520.46**	**4 897.54**	**1 652.30**	**534.76**	**260.00**
北　京	267.42	41.81	24.58	132.73	16.50	47.76	4.04
天　津	165.16	33.09	16.71	49.37	30.64	18.05	17.31
河　北	967.46	165.81	581.41	101.65	55.23	54.82	8.55
山　西	209.87	55.04	60.53	75.54	0.95	17.68	0.12
内蒙古	216.72	21.57	37.85	31.11	1.14	99.05	26.00
辽　宁	821.67	137.64	301.38	285.28	46.65	25.01	25.69
吉　林	299.27	51.23	109.54	76.97	3.98	15.08	42.47
黑龙江	347.50	118.90	71.60	52.70	18.10	59.40	26.80
上　海	116.80	34.58	38.52	32.63	5.98	4.57	0.52
江　苏	766.99	133.38	110.89	266.64	238.43	6.01	11.63
浙　江	492.08	240.14	59.89	85.90	99.66	3.43	3.06
安　徽	360.12	79.89	58.85	194.40	23.20	1.08	2.69
福　建	581.89	258.45	60.28	170.97	90.31	0.01	1.87
江　西	430.83	252.98	43.15	45.30	40.07	45.36	3.98
山　东	1 891.07	399.00	140.71	1 230.70	39.74	32.53	48.39
河　南	978.25	458.98	169.46	296.02	37.29	10.05	6.44
湖　北	466.42	199.44	51.17	44.29	171.27	0.25	
湖　南	865.58	543.72	67.73	139.57	112.72	0.35	1.49
广　东	2 010.13	699.32	160.59	760.90	379.07	1.23	9.02
广　西	766.50	342.99	50.16	325.95	46.71	0.08	0.61
海　南	191.55	76.92	15.98	64.19	33.99		0.47
重　庆	163.14	69.94	29.71	53.70	8.22	0.26	1.32
四　川	752.38	380.34	108.87	187.00	58.83	10.70	6.64
贵　州	38.44	14.94	3.90	15.16	2.45	1.34	0.66
云　南	270.67	76.18	52.99	97.25	41.39	0.87	2.00
西　藏							
陕　西	226.92	107.91	48.46	20.52	29.26	15.42	5.36
甘　肃	78.88	29.49	15.94	13.28	2.32	16.57	1.28
青　海	8.52	4.11	0.02	…		3.79	0.61
宁　夏	43.88	6.69	5.41	4.83	6.48	20.48	
新　疆	118.90	15.45	24.20	42.99	11.73	23.53	0.99

各地区浓缩饲料生产情况

单位：万吨

地　区	浓缩饲料	猪　料	蛋禽料	肉禽料	水产料	反刍料	其他料
全国总计	**2 542.53**	**1 443.45**	**514.54**	**330.04**	**10.04**	**210.68**	**33.77**
北　京	23.23	21.07	0.65	0.08		1.32	0.12
天　津	63.27	43.85	6.72	0.86	0.26	7.49	4.08
河　北	169.01	55.52	81.78	15.47		14.04	2.20
山　西	97.24	49.60	33.23	7.73	0.08	6.56	0.05
内蒙古	93.40	27.61	10.70	1.58		53.15	0.36
辽　宁	370.12	149.67	93.56	111.35	2.38	10.30	2.87
吉　林	156.29	88.77	20.46	36.24	0.28	10.45	0.10
黑龙江	308.60	102.50	75.30	58.40		58.90	13.50
上　海	14.14	12.50	0.01	0.03		1.60	0.01
江　苏	27.58	25.96	0.50	0.53	0.27	0.32	…
浙　江	5.46	5.21	0.05	0.01	0.18		…
安　徽	43.07	26.93	5.39	6.05	0.12	1.01	3.58
福　建	11.91	11.45			0.20	0.25	
江　西	77.56	59.98	9.14	7.40	0.31	0.52	0.22
山　东	91.90	70.13	12.05	6.12	0.27	3.06	0.28
河　南	247.28	171.83	51.79	20.89	0.13	1.34	1.30
湖　北	48.06	40.38	3.80	3.12	0.74	0.02	
湖　南	90.41	79.02	3.55	7.45			0.39
广　东	32.30	27.35	0.04	3.27	0.69		0.95
广　西	32.13	28.24	0.55	3.30	0.01		0.02
海　南	0.85	0.30	0.21	0.34			
重　庆	37.82	29.24	8.28	0.24	0.02	0.05	…
四　川	103.30	100.83	2.16	0.05	…	0.20	0.05
贵　州	33.17	30.30	0.29	1.34			1.24
云　南	95.34	85.48	2.86	6.29	0.40	0.18	0.13
西　藏							
陕　西	168.86	61.25	65.74	17.25	0.53	21.93	2.16
甘　肃	55.26	25.25	14.77	7.28	0.01	7.79	0.16
青　海	…	…					
宁　夏	26.68	7.58	4.12	4.64	3.15	7.19	
新　疆	18.29	5.67	6.85	2.73	0.01	3.02	0.01

各地区添加剂预混合饲料生产情况

单位：万吨

地区	添加剂预混合饲料	猪料	蛋禽料	肉禽料	水产料	反刍料	其他料
全国总计	**605.10**	**336.97**	**138.38**	**55.67**	**22.08**	**29.83**	**22.18**
北京	50.92	28.25	15.32	0.97	2.20	3.35	0.83
天津	25.96	11.26	9.82	0.78	0.40	2.46	1.24
河北	13.64	4.87	6.11	1.00	0.15	0.94	0.56
山西	5.71	1.65	2.27	0.81	0.01	0.96	…
内蒙古	4.90	1.23	0.19	0.27	0.03	1.89	1.30
辽宁	24.41	8.93	10.59	2.43	0.49	0.44	1.54
吉林	4.80	1.52	1.30	1.18		0.80	
黑龙江	26.80	10.20	6.80	4.00	0.60	3.50	1.70
上海	21.10	12.28	3.31	1.40	0.27	1.17	2.67
江苏	29.26	12.38	11.95	3.11	1.09	0.12	0.61
浙江	18.85	9.62	3.22	2.90	1.72	…	1.40
安徽	15.75	8.35	3.27	2.76	0.20	0.85	0.31
福建	26.50	23.01	0.97	1.49	1.00	0.01	0.04
江西	41.71	28.22	7.04	5.07	0.46	0.53	0.39
山东	67.39	24.69	31.32	7.08	0.57	0.64	3.09
河南	36.66	14.74	10.78	2.29		8.84	0.02
湖北	13.49	10.46	1.62	1.23	0.18	0.01	
湖南	50.01	38.92	2.34	7.47	0.11	0.04	1.12
广东	52.73	38.60	1.63	4.02	5.09	0.01	3.39
广西	8.19	6.97	0.28	0.86	0.06	0.02	0.01
海南	4.52	1.82	0.40	0.56	1.74		
重庆	7.23	7.03	0.05	0.02	0.04	0.06	0.04
四川	29.41	21.67	1.71	1.17	4.40	0.25	0.21
贵州	0.22	0.20					0.02
云南	4.19	2.49	0.80	0.70	0.11	0.05	0.04
西藏							
陕西	14.48	5.41	4.16	1.49	1.00	1.23	1.18
甘肃	0.88	0.28	0.17	0.18		0.20	0.05
青海	0.18	0.01				0.08	0.09
宁夏	1.57	0.53	0.31	0.22		0.51	
新疆	3.62	1.37	0.66	0.23	0.15	0.88	0.34

五、渔　　业

各地区渔业乡、村及渔业人口

地区	渔业乡（个）	渔业村（个）	渔业户（户）	渔业人口（人）	传统渔民
全国总计	**957**	**8 617**	**5 225 138**	**20 606 894**	**7 309 301**
北京	17	61	6 903	27 370	11 557
天津	1	8	16 406	62 401	24 531
河北	39	268	70 849	299 209	153 199
山西			1 723	8 152	45
内蒙古	4	32	7 914	41 847	6 978
辽宁	131	850	204 455	815 208	440 832
吉林	1	3	12 103	77 343	2 968
黑龙江			60 542	229 693	183 754
上海		20	12 587	49 799	15 209
江苏	23	462	359 007	1 391 537	489 952
浙江	85	784	344 642	1 162 574	464 438
安徽	12	199	215 753	914 443	334 260
福建	51	588	434 808	1 757 568	916 858
江西	27	353	337 841	1 543 855	332 348
山东	128	1 214	530 114	1 723 744	659 467
河南	26	456	151 361	564 445	42 739
湖北	54	889	532 879	1 895 384	836 378
湖南	5	274	259 946	1 225 048	175 267
广东	83	940	530 114	2 452 633	1 115 026
广西	6	205	232 259	1 019 691	335 629
海南	29	436	94 103	487 753	267 960
重庆		11	167 203	535 515	138 338
四川	34	168	482 549	1 651 021	223 565
贵州		13	56 424	201 341	38 156
云南		10	70 286	329 536	75 530
西藏		2	87	449	329
陕西	200	366	21 739	86 070	16 198
甘肃			1 962	9 132	1 534
青海				616	
宁夏			4 429	23 494	
新疆	1	5	4 150	20 023	6 256

各地区渔业从业人员

单位：人

地　区	从业人员	专业从业人员	捕　捞	养　殖	其　他
全国总计	**14 585 004**	**7 983 867**	**1 776 905**	**5 290 016**	**916 946**
北　京	19 516	11 696	829	8 486	2 381
天　津	42 359	23 519	5 311	17 056	1 152
河　北	228 037	109 889	35 534	58 492	15 863
山　西	6 783	3 519	276	3 019	224
内蒙古	29 196	17 752	6 175	9 656	1 921
辽　宁	741 995	550 397	137 741	376 422	36 234
吉　林	59 394	18 693	4 872	13 287	534
黑龙江	137 143	97 698	24 626	63 344	9 728
上　海	31 088	28 326	8 559	18 907	860
江　苏	1 381 757	705 968	184 625	478 725	42 618
浙　江	806 970	502 926	173 937	211 221	117 768
安　徽	718 450	363 549	74 331	255 414	33 804
福　建	928 644	557 938	196 652	290 360	70 926
江　西	963 424	430 613	60 656	314 583	55 374
山　东	1 394 761	753 336	205 160	335 583	212 593
河　南	456 700	212 424	33 077	156 072	23 275
湖　北	1 272 804	896 298	89 195	759 919	47 184
湖　南	841 703	395 788	34 131	331 254	30 403
广　东	1 358 774	886 589	259 804	566 203	60 582
广　西	815 852	422 704	70 617	309 501	42 586
海　南	243 359	187 044	110 720	52 480	23 844
重　庆	382 331	194 070	12 076	168 041	13 953
四　川	1 145 971	385 164	24 683	307 309	53 172
贵　州	176 581	77 108	6 693	63 331	7 084
云　南	297 617	95 378	12 665	75 427	7 286
西　藏	188	108	108		
陕　西	61 089	29 843	1 822	24 833	3 188
甘　肃	8 868	3 662		3 182	480
青　海	616	284	69	110	105
宁　夏	19 035	11 970	488	10 115	1 367
新　疆	13 999	9 614	1 473	7 684	457

沿海地区海洋渔业乡、村及渔业人口

地　　区	渔业乡（个）	渔业村（个）	渔业户（户）	渔业人口（人）	传统渔民
全国总计	**430**	**3 720**	**1 566 088**	**5 879 027**	**3 232 691**
天　　津	1	7	3 274	12 621	8 713
河　　北	13	88	42 701	165 282	113 485
辽　　宁	91	405	139 801	575 851	320 704
上　　海		6	1 062	14 459	4 771
江　　苏	11	116	49 642	295 893	110 802
浙　　江	75	572	228 790	712 428	326 781
福　　建	51	575	357 199	1 418 563	827 615
山　　东	98	839	280 166	928 179	448 007
广　　东	66	617	321 972	1 050 699	718 351
广　　西	5	110	64 737	310 511	87 485
海　　南	19	385	76 568	394 013	265 801

沿海地区海洋渔业从业人员

地　　区	从业人员	专业从业人员	捕　捞	养　殖	其　他
全国总计	**3 689 693**	**2 317 495**	**1 032 175**	**858 179**	**427 141**
天　　津	6 396	3 149	1 399	1 210	540
河　　北	132 329	57 630	21 910	25 674	10 046
辽　　宁	384 638	270 102	119 807	123 215	27 080
上　　海	5 577	5 338	5 233		105
江　　苏	222 116	122 909	66 527	47 367	9 015
浙　　江	395 629	274 734	140 866	56 345	77 523
福　　建	717 196	470 896	191 954	215 908	63 034
山　　东	867 062	398 450	128 415	107 428	162 607
广　　东	504 098	374 151	209 746	120 608	43 797
广　　西	258 355	173 702	38 438	124 523	10 741
海　　南	196 121	166 258	107 720	35 901	22 637

全国水产品产量增减情况

单位：吨

指　标	2011年	2010年	2011年比2010年增减	
			绝对量	%
水产品总产量	**56 032 090**	**53 730 024**	**2 302 066**	**4.28**
海水产品	29 080 487	27 975 312	1 105 175	3.95
淡水产品	26 951 603	25 754 712	1 196 891	4.65
养殖产量	40 232 630	38 288 351	1 944 279	5.08
海水养殖	15 513 292	14 823 008	690 284	4.66
淡水养殖	24 719 338	23 465 343	1 253 995	5.34
捕捞产量	15 799 460	15 441 673	357 787	2.32
海洋捕捞	12 419 386	12 035 946	383 440	3.19
远洋渔业	1 147 809	1 116 358	31 451	2.82
淡水捕捞	2 232 265	2 289 369	-57 104	-2.49
养殖产品中：				
鱼类	22 818 257	21 449 928	1 368 329	6.38
甲壳类	3 291 589	3 199 124	92 465	2.89
贝类	11 795 839	11 333 329	462 510	4.08
藻类	1 609 046	1 551 013	58 033	3.74
其他类	717 899	754 957	-37 058	-4.91
捕捞产品中：				
鱼类	10 222 415	9 869 726	352 689	3.57
甲壳类	2 415 261	2 386 634	28 627	1.20
贝类	870 654	909 084	-38 430	-4.23
藻类	27 406	24 662	2 744	11.13
头足类	695 251	658 309	36 942	5.61
其他类	420 664	476 900	-56 236	-11.79

各地区水产品产量及增减情况（一）

单位：万吨

地区	总产量	养殖产品			捕捞产品			
		养殖产品	海水	淡水	捕捞产品	海洋	远洋	淡水
全国总计	**5 603.21**	**4 023.26**	**1 551.33**	**2 471.93**	**1 579.95**	**1 241.94**	**114.78**	**223.23**
北京	6.12	4.98		4.98	1.15		0.75	0.39
天津	35.21	31.61	1.33	30.28	3.61	1.71	0.80	1.10
河北	106.71	71.61	31.15	40.46	35.11	25.18		9.93
山西	3.61	3.50		3.50	0.11			0.11
内蒙古	12.29	9.24		9.24	3.05			3.05
辽宁	451.47	324.60	243.52	81.08	126.87	106.16	16.12	4.59
吉林	17.28	15.27		15.27	2.01			2.01
黑龙江	41.97	36.55		36.55	5.42			5.42
上海	28.73	16.01		16.01	12.72	2.15	10.01	0.57
江苏	475.97	384.76	84.24	300.51	91.21	56.81	1.03	33.37
浙江	515.81	179.47	84.49	94.97	336.34	303.02	23.47	9.85
安徽	199.55	167.62		167.62	31.93			31.93
福建	603.74	385.25	316.15	69.10	218.49	191.66	18.36	8.48
江西	217.27	192.84		192.84	24.43			24.43
山东	813.83	549.05	413.48	135.57	264.78	238.44	12.80	13.54
河南	65.47	61.64		61.64	3.84			3.84
湖北	356.22	335.62		335.62	20.60			20.60
湖南	199.94	190.30		190.30	9.64			9.64
广东	762.53	597.04	265.57	331.47	165.49	145.26	7.39	12.84
广西	289.23	209.97	92.38	117.59	79.27	66.53	0.41	12.33
海南	160.24	53.11	19.01	34.10	107.13	105.03		2.10
重庆	27.56	26.26		26.26	1.30			1.30
四川	112.15	106.23		106.23	5.92			5.92
贵州	10.88	9.51		9.51	1.37			1.37
云南	34.24	31.83		31.83	2.41			2.41
西藏	0.04	0.00		0.00	0.04			0.04
陕西	8.18	7.47		7.47	0.71			0.71
甘肃	1.29	1.29		1.29	0.00			0.00
青海	0.33	0.32		0.32	0.01			0.01
宁夏	10.54	10.52		10.52	0.02			0.02
新疆	11.16	9.81		9.81	1.35			1.35

各地区水产品产量及增减情况（二）

单位：吨

地　区	2011年比2010年增减							
	总产量	海水产品			捕捞产品			
			海水	淡水		淡水产品	远洋	淡水
全国总计	**2 302 066**	**1 944 279**	**690 284**	**1 253 995**	**357 787**	**383 440**	**31 451**	**-57 104**
北　京	-2 158	-445		-445	-1 713		-1 428	-285
天　津	7 223	5 590	-907	6 497	1 633	1 297	-1 034	1 370
河　北	3 831	-1 689	-17 788	16 099	5 520	-1 531		7 051
山　西	4 437	4 147		4 147	290			290
内蒙古	9 096	9 299		9 299	-203			-203
辽　宁	210 919	181 650	120 490	61 160	29 269	54 209	-14 107	-10 833
吉　林	6 858	6 527		6 527	331			331
黑龙江	19 985	12 667		12 667	7 318			7 318
上　海	-2 364	-2 413		-2 413	49	-74	196	-73
江　苏	155 240	154 782	57 235	97 547	458	-2 246	1 383	1 321
浙　江	378 596	93 933	19 211	74 722	284 663	209 202	69 101	6 360
安　徽	62 387	58 974		58 974	3 413			3 413
福　建	167 818	153 815	122 499	31 316	14 003	8 092	3 046	2 865
江　西	19 295	67 510		67 510	-48 215			-48 215
山　东	300 021	283 804	172 132	111 672	16 217	33 556	-21 821	4 482
河　南	76 180	70 173		70 173	6 007			6 007
湖　北	31 263	88 946		88 946	-57 683			-57 683
湖　南	19 353	19 646		19 646	-293			-293
广　东	335 033	333 062	165 058	168 004	1 971	23 023	-20 856	-196
广　西	137 285	128 549	46 396	82 153	8 736	2 327	21	6 388
海　南	107 645	50 555	5 958	44 597	57 090	55 585		1 505
重　庆	51 300	49 300		49 300	2 000			2 000
四　川	70 829	69 668		69 668	1 161			1 161
贵　州	20 902	19 266		19 266	1 636			1 636
云　南	44 643	43 647		43 647	996			996
西　藏	-88	-29		-29	-59			-59
陕　西	21 427	18 574		18 574	2 853			2 853
甘　肃	579	579		579				
青　海	1 693	1 665		1 665	28			28
宁　夏	15 387	15 377		15 377	10			10
新　疆	10 501	7 150		7 150	3 351			3 351

各地区淡水捕捞产量

（按类别分）

单位：吨

地区	捕捞产量	鱼类	甲壳类	虾	蟹	贝类	其他
全国总计	**2 232 265**	**1 582 468**	**323 979**	**275 349**	**48 630**	**286 576**	**39 198**
北京	3 939	3 855	70	44	26		14
天津	11 037	6 663	2 002	1 387	615	1 015	1 357
河北	99 298	88 420	5 788	5 463	325	3 989	1 101
山西	1 121	1 076	15	14	1		30
内蒙古	30 468	29 614	743	743			111
辽宁	45 947	38 531	6 537	3 029	3 508	130	749
吉林	20 087	19 661	276	248	28	148	2
黑龙江	54 203	53 425	262	262		512	4
上海	5 662	5 360	232	206	26		70
江苏	333 684	191 739	61 908	46 260	15 648	71 828	8 199
浙江	98 510	53 661	8 400	6 970	1 430	34 124	2 325
安徽	319 290	209 541	65 801	57 153	8 648	35 666	8 282
福建	84 782	58 249	6 829	5 178	1 651	18 383	1 321
江西	244 298	164 558	47 549	45 753	1 796	28 829	3 362
山东	135 378	115 684	12 816	8 203	4 613	6 499	372
河南	38 357	32 148	5 377	4 920	457	812	20
湖北	205 971	126 527	58 055	53 688	4 367	17 463	3 926
湖南	96 375	78 112	12 164	11 075	1 089	4 707	1 392
广东	128 402	70 402	10 606	8 700	1 906	45 756	1 631
广西	123 259	100 564	8 098	6 918	1 180	13 099	1 498
海南	21 015	18 309	797	564	233	1 694	215
重庆	12 955	11 983	695	568	127	234	43
四川	59 191	54 073	4 061	3 537	524	710	347
贵州	13 698	11 732	1 664	1 556	108	254	48
云南	24 117	20 374	2 810	2 709	101	711	218
西藏	369	286					83
陕西	7 088	6 729	157	142	15	11	175
甘肃							
青海	63						63
宁夏	200	200					
新疆	13 501	10 992	267	59	208	2	2 240

注：捕捞产量中藻类 44 吨。

各地区淡水养殖产量（一）

（按品种分）

单位：吨

地 区	养殖产量	鱼 类	草 鱼	鲢 鱼	鲤 鱼	鳙 鱼
全国总计	**24 719 338**	**21 854 068**	**467 736**	**3 713 922**	**2 718 228**	**2 668 305**
北 京	49 757	49 592	1 053	4 286	14 655	2 485
天 津	302 769	249 219		53 123	102 324	5 333
河 北	404 552	376 476	154	74 448	134 105	35 395
山 西	35 016	34 627	17	6 745	10 589	3 701
内 蒙 古	92 432	90 137		15 510	35 365	10 967
辽 宁	810 788	732 233	2 406	120 514	287 780	59 295
吉 林	152 729	152 291	784	43 675	40 290	29 701
黑 龙 江	365 482	360 944		68 436	157 580	30 331
上 海	160 066	96 400	3 860	17 668	641	6 503
江 苏	3 005 145	2 264 023	72 237	459 509	140 698	215 677
浙 江	949 742	620 797	39 877	129 639	34 533	89 171
安 徽	1 676 215	1 364 435	66 613	268 199	109 123	242 319
福 建	690 984	594 846	11 332	62 248	46 491	55 208
江 西	1 928 402	1 755 050	40 363	246 639	130 951	288 040
山 东	1 355 690	1 259 846	13 913	209 708	330 189	121 372
河 南	616 373	600 014	8 363	142 774	179 552	93 570
湖 北	3 356 227	2 960 264	93 474	601 723	164 208	373 484
湖 南	1 902 978	1 844 515	62 313	380 881	148 646	289 426
广 东	3 314 673	2 956 318	32 854	207 091	118 279	349 866
广 西	1 175 854	1 145 931	11 322	209 092	132 818	147 993
海 南	341 010	330 939	1 053	7 578	5 739	6 924
重 庆	262 645	261 234	1 079	66 656	25 125	21 880
四 川	1 062 273	1 050 033	1 243	234 320	135 552	124 076
贵 州	95 104	94 898	245	6 301	43 742	13 476
云 南	318 283	317 350	3 092	33 573	85 756	26 511
西 藏	43	43			16	
陕 西	74 712	73 955	77	15 000	22 856	8 052
甘 肃	12 879	12 829	12	1 390		612
青 海	3 230	3 153		73	192	
宁 夏	105 222	104 078		13 624	43 916	6 917
新 疆	98 063	97 598		13 499	36 517	10 020

各地区淡水养殖产量（二）
（按品种分）

单位：吨

地区	鱼类						
	鲫鱼	罗非鱼	鲟鱼	鳗鲡	鳟鱼	鮰鱼	鲶鱼
全国总计	**2 296 750**	**1 441 050**	**44 211**	**208 266**	**19 654**	**205 177**	**392 435**
北京	3 593	1 369	3 088		1 604	353	814
天津	50 987	2 101					7 688
河北	36 993	17 281	3 252	25	1 938	34	440
山西	1 365	1 039	1 005		891	20	538
内蒙古	11 445	83			85	4	1 846
辽宁	96 826	2 461	1 097		4 866	347	38 706
吉林	14 076	27	5		135	5	2 642
黑龙江	51 358	126			351	58	3 651
上海	34 572		59	95		136	70
江苏	547 995	3 982	1 262	3 590		1 124	12 534
浙江	77 907	1 837	3 024	2 930	157	2 831	2 429
安徽	159 232	4 494	150	3 024		17 430	17 526
福建	24 366	116 798	2 270	81 587	58	2 446	7 979
江西	177 185	6 935	1 512	16 458	8	27 669	46 992
山东	132 027	10 556	8 534		2 047	820	34 241
河南	43 277	905	473		368	4 859	9 320
湖北	366 363	3 984	7 020	150		41 835	31 661
湖南	92 208	1 609	864		547	24 486	23 687
广东	118 385	646 080	832	100 192	91	11 518	33 487
广西	33 631	239 322	636		168	9 799	30 650
海南	1 619	294 135	20	214			1 815
重庆	53 066	2 880	555		132	5 744	3 758
四川	124 426	3 447	5 523		1 002	48 915	71 294
贵州	3 433	772	955		108	3 501	1 963
云南	19 841	77 082	1 327	1	2 429	498	4 883
西藏		8			8		
陕西	4 172	583	463		293	164	421
甘肃	952	31	226		690	1	19
青海	148				1 256		
宁夏	6 707					242	783
新疆	8 595	1 123	59		422	338	598

各地区淡水养殖产量（三）

（按品种分）

单位：吨

地　区	甲壳类	虾	罗氏沼虾	青　虾	克氏原螯虾	南美白对虾
全国总计	**2 164 400**	**1 515 160**	**122 933**	**230 248**	**486 319**	**659 961**
北　京	90	90				90
天　津	52 855	51 714		228		51 486
河　北	22 676	17 441		907	10	16 188
山　西	64	53	2			48
内蒙古	500	129		100		29
辽　宁	67 897	3 667				3 485
吉　林	438	227		227		
黑龙江	4 503	396				50
上　海	63 042	47 991	5 333	608		42 050
江　苏	659 230	353 790	62 435	107 851	86 253	96 549
浙　江	155 057	145 091	9 958	20 294	5 130	109 236
安　徽	233 292	134 637	3 002	41 970	88 379	1 286
福　建	51 251	49 810	1 001	1 186	29	46 579
江　西	90 589	77 977	399	20 659	55 790	1 094
山　东	88 807	57 948	97	4 145	7 903	45 351
河　南	11 438	9 487	662	2 061	6 262	502
湖　北	342 196	258 695	1 688	22 765	231 119	3 123
湖　南	16 813	9 957	431	4 683	1 759	215
广　东	290 080	285 325	36 305	1 625	18	239 875
广　西	5 623	4 960	1 385	711	311	2 076
海　南	1 395	1 155				312
重　庆	858	792	6		640	141
四　川	3 506	3 333	87	154	2 608	104
贵　州	50	43	20	23		
云　南	370	324	122	44	99	
西　藏						
陕　西	52	30		7	3	
甘　肃	48	6			6	
青　海	77					
宁　夏	1 144					
新　疆	459	92				92

各地区淡水养殖产量（四）

（按品种分）

单位：吨

地区	甲壳类	贝类				藻类
	蟹		河蚌	螺	蚬	
全国总计	**649 240**	**252 213**	**90 765**	**105 254**	**22 327**	**7 282**
北京						
天津	1 141					
河北	5 235	30	25	5		
山西	11					
内蒙古	371					1 795
辽宁	64 230	39	39			
吉林	211					
黑龙江	4 107					
上海	15 051	133	133			
江苏	305 440	50 474	13 385	31 872	4 855	1 025
浙江	9 966	11 437	3 487	3 709	436	58
安徽	98 655	50 592	29 855	19 562	1 054	
福建	1 441	29 418	4 166	3 770	9 268	689
江西	12 612	40 097	11 418	24 369	4 310	2 401
山东	30 859	2 471	1 151	997	144	194
河南	1 951	847	78	760	9	162
湖北	83 501	23 721	18 325	5 060	336	
湖南	6 856	16 521	7 452	6 916	1 148	
广东	4 755	18 977	162	2 510	568	
广西	663	3 624	412	2 829	199	72
海南	240	136		130		557
重庆	66	76	3	73		
四川	173	3 350	560	2 553		
贵州	7	120	23	97		
云南	46	127	91	36		329
西藏						
陕西	22	17				
甘肃	42					
青海	77					
宁夏	1 144					
新疆	367	6		6		

各地区淡水养殖产量（五）

（按品种分）

单位：吨

地　区	其他类	龟	鳖	蛙	珍珠（千克）	观赏鱼（万尾）
全国总计	**441 375**	**27 682**	**285 875**	**78 064**	**2 305 243**	**358 366**
北　京	75	11	64			29 665
天　津	695	58	419			36 451
河　北	5 370	2	5 166	69		401
山　西	325		325			526
内蒙古						9
辽　宁	10 619			10 574		134 871
吉　林						17 655
黑龙江	35			35		
上　海	491	108	299	2		9 022
江　苏	30 393	1 409	25 366	1 612	359 000	16 434
浙　江	162 393	11 665	132 800	12 521	1 345	10 440
安　徽	27 896	4 072	16 269	5 215	450 983	4 298
福　建	14 780	371	5 513	7 117	18 000	4 857
江　西	40 265	3 121	16 294	19 823	932 000	4
山　东	4 372		4 243			6 726
河　南	3 912	53	3 794	65		21 768
湖　北	30 046	2 083	26 547	1 153	262 742	259
湖　南	25 129	1 383	8 509	8 206	281 173	428
广　东	49 298	1 667	20 664	6 853		47 572
广　西	20 604	1 483	17 118	720		30
海　南	7 983	110	1 101			30
重　庆	477	1	201	265		4 317
四　川	5 384	85	1 023	3 801		6 396
贵　州	36		8	28		1 275
云　南	107		19	4		3 360
西　藏						
陕　西	688		133	1		1 104
甘　肃	2					
青　海						
宁　夏						385
新　疆						81

沿海地区海洋捕捞产量（一）
（按品种分）

单位：吨

地　　区	海洋捕捞产　　量	鱼　类	带　鱼	鳀　鱼	蓝圆鲹	鲐　鱼	鲅　鱼
全国总计	**12 419 386**	**8 639 947**	**1 118 221**	**766 639**	**561 687**	**563 179**	**467 905**
天　　津	17 051	10 242	16	1 199		2 147	348
河　　北	251 761	132 298	5 800	28 840		55	5 343
辽　　宁	1 061 607	644 896	19 334	94 642		44 980	75 272
上　　海	21 457	11 190	453			39	118
江　　苏	568 108	341 695	62 537	2 340		18 659	10 649
浙　　江	3 030 202	2 105 090	469 439	51 275	118 503	231 373	68 744
福　　建	1 916 560	1 449 570	167 192	77 902	218 922	127 422	50 751
山　　东	2 384 444	1 621 157	84 263	468 605		82 983	191 259
广　　东	1 452 615	1 036 811	133 598	28 763	111 314	31 524	27 978
广　　西	665 281	388 278	30 933		70 580	13 711	2 221
海　　南	1 050 300	898 720	144 656	13 073	42 368	10 286	35 222

注：海洋捕捞产量不含远洋。

沿海地区海洋捕捞产量（二）
（按品种分）

单位：吨

地　　区	鱼　类						
	鲳　鱼	小黄鱼	海　鳗	金线鱼	沙丁鱼	石斑鱼	金枪鱼
全国总计	**358 461**	**399 462**	**359 291**	**323 068**	**140 189**	**95062**	**43 346**
天　　津		3 477				2	
河　　北	1 991	7 697				35	
辽　　宁	5 674	111 771	82	120	2 692	2950	
上　　海	140	158	355				
江　　苏	37 667	33 782	8 789	10	2 237	9	
浙　　江	115 104	107 159	79 643	2 477	31 472	1358	7 340
福　　建	60 616	12 574	67 816	10 801	12 706	18444	3 270
山　　东	30 727	85 476	23 762		7 752		
广　　东	55 642	20 798	76 945	83 051	59 865	28823	16 846
广　　西	11 835		13 950	36 414	12 958	5992	
海　　南	39 065	16 570	87 949	190 195	10 507	37449	15 890

沿海地区海洋捕捞产量（三）
（按品种分）

单位：吨

地 区	甲壳类	虾	毛 虾	对 虾	鹰爪虾	蟹	梭子蟹
全国总计	**2 091 282**	**1 473 324**	**529 569**	**125 645**	**290 517**	**617 958**	**366 207**
天 津	2 218	1 480	108	108		738	441
河 北	52 339	39 230	10 481	1 934	1 639	13 109	9 327
辽 宁	202 395	143 915	39 393	4 243	9 244	58 480	26 046
上 海	9 967	2 457		800	659	7 510	3 147
江 苏	123 304	49 845	22 547	3 113	10 668	73 459	63 240
浙 江	733 465	589 393	215 583	26 225	163 041	144 072	81 479
福 建	295 489	172 409	58 269	20 166	39 558	123 080	76 882
山 东	284 270	240 893	101 119	7 993	35 126	43 377	20 368
广 东	227 792	149 937	48 990	40 361	18 445	77 855	45 821
广 西	118 088	66 759	27 666	17 217	7 801	51 329	29 825
海 南	41 955	17 006	5 413	3 485	4 336	24 949	9 631

沿海地区海洋捕捞产量（四）
（按品种分）

单位：吨

地 区	贝 类	藻 类	头足类	鱿 鱼	章 鱼	其他类	海 蜇
全国总计	**584 078**	**27 362**	**695 251**	**390 393**	**126 067**	**381 466**	**190 126**
天 津	3 066		1 515	1 190	261	10	10
河 北	18 486		10 288	981	6 912	38 350	24 968
辽 宁	103 922	1 012	60 737	40 144	7 806	48 645	12 421
上 海			122	25	40	178	125
江 苏	53 143	1 531	19 478	12 356	4 494	28 957	17 722
浙 江	16 596	2 541	146 921	86 596	32 329	25 589	1 994
福 建	49 538	1 765	103 494	54 442	13 983	16 704	11 292
山 东	187 485	2 138	158 099	96 012	28 591	131 295	53 211
广 东	63 999	5 599	79 491	32 148	19 853	38 923	21 456
广 西	60 391		47 160	23 466	6 824	51 364	46 054
海 南	27 452	12 776	67 946	43 033	4 974	1 451	873

沿海地区海水养殖产量（一）

（按品种分）

单位：吨

地区	海水养殖产量	鱼类	鲈鱼	鲆鱼	大黄鱼	美国红鱼	石斑鱼
全国总计	**15 513 292**	**964 189**	**122 964**	**111 589**	**80 212**	**64 838**	**59 534**
天津	13 305	3 454		1 951		60	391
河北	311 520	12 796	220	3 453			
辽宁	2 435 184	61 165	1 645	37 412			
上海							
江苏	842 408	53 463	414	2 663		10	
浙江	844 941	35 208	9 591	1 514	2 225	10 142	212
福建	3 161 489	188 547	17 951	2 376	73 214	12 948	15 843
山东	4 134 775	160 897	35 435	61 461		7 180	10
广东	2 655 746	367 086	45 867	759	4 773	27 697	27 372
广西	923 804	38 984	9 166			4 871	2 650
海南	190 120	42 589	2 675			1 930	13 056

沿海地区海水养殖产量（二）

（按品种分）

单位：吨

地区	鱼类					甲壳类	虾
	鲷鱼	军曹鱼	鲕鱼	河鲀	鲽鱼		
全国总计	**56 313**	**37 210**	**13 325**	**11 632**	**8 463**	**1 127 189**	**895 423**
天津	40			182	40	9 846	9 846
河北						19 418	17 773
辽宁				4 607	20	29 010	27 558
上海							
江苏	60			167	1 292	91 715	59 643
浙江	3 722	155	285	133	429	91 971	43 254
福建	20 652	655	3 296	1 487	523	108 950	64 705
山东	400			4 656	5 950	101 551	75 495
广东	22 532	25 396	8 946	351	209	374 099	323 882
广西	6 741	228				193 252	179 872
海南	2 166	10 776	798	49		107 377	93 395

沿海地区海水养殖产量（三）
（按品种分）

单位：吨

地　区	甲壳类						
	虾				蟹		
	南美白对虾	斑节对虾	中国对虾	日本对虾		梭子蟹	青　蟹
全国总计	**665 588**	**60 691**	**41 646**	**50 991**	**231 766**	**92 907**	**121 458**
天　津	9 839		7				
河　北	9 660		4 875	3 238	1 645	1 645	
辽　宁	11 859		12 750	2 009	1 452	1 452	
上　海							
江　苏	15 312	742	3 452	1 789	32 072	28 393	1 981
浙　江	27 407	1 146	1 898	1 229	48 717	22 081	26 301
福　建	43 711	5 951	3 536	8 578	44 245	16 495	25 119
山　东	32 474	1 923	7 808	27 684	26 056	20 136	220
广　东	262 996	37 258	7 320	6 287	50 217	2 629	40 841
广　西	162 131	11 488		177	13 380		13 299
海　南	90 199	2 183			13 982	76	13 697

沿海地区海水养殖产量（四）
（按品种分）

单位：吨

地　区	贝　类						
		牡　蛎	蛤	扇　贝	蛏	贻　贝	蚶
全国总计	**11 543 626**	**3 756 310**	**3 613 349**	**1 306 124**	**744 794**	**707 401**	**293 200**
天　津							
河　北	272 552	30	27 375	234 362		491	6 794
辽　宁	1 915 432	133 431	983 332	319 765	28 047	39 945	44 776
上　海							
江　苏	667 760	29 711	372 291	10	92 052	45 464	21 557
浙　江	665 530	150 392	58 774	2 208	218 205	56 975	109 232
福　建	2 227 010	1 475 485	295 299	9 272	204 878	69 050	40 046
山　东	3 243 826	575 647	1 340 051	655 775	174 551	403 405	9 627
广　东	1 841 125	973 961	309 853	82 637	25 991	83 103	57 594
广　西	689 181	416 230	217 058	2 052	1 070	8 968	2 919
海　南	21 210	1 423	9 316	43			655

沿海地区海水养殖产量（五）

（按品种分）

单位：吨

地　区	贝类				藻　类		
	螺	蛏	鲍	江　珧		海　带	裙带菜
全国总计	**203 266**	**744 794**	**76 786**	**30 126**	**1 601 764**	**908 221**	**134 175**
天　津							
河　北							
辽　宁		28 047	2 102		311 413	201 808	109 605
上　海							
江　苏	55 887	92 052			24 483	1 665	
浙　江	11 690	218 205	45		45 477	11 319	
福　建	2 779	204 878	60 407	16 000	628 450	474 825	615
山　东	14 240	174 551	8 364		507 267	215 510	23 570
广　东	82 793	25 991	5 300	14 126	66 054	3 094	385
广　西	33 991	1 070					
海　南	1 886		568		18 620		

沿海地区海水养殖产量（六）

（按品种分）

单位：吨

地　区	藻　类		其他类				
	江　蓠	紫　菜		海　参	海　胆（千克）	海水珍珠（千克）	海　蜇
全国总计	**151 359**	**102 745**	**276 524**	**137 754**	**6 756 194**	**10 101**	**69 749**
天　津			5				
河　北			6 754	4 024			2 246
辽　宁			118 164	54 954	1 177 947		53 831
上　海							
江　苏	10	22 738	4 987	254			1 563
浙　江	280	22 175	6 755	232			1 153
福　建	87 616	48 490	8 532	7 082			236
山　东	2 000		121 234	71 011	3 660 000		8 887
广　东	50 579	9 342	7 382	182	1 918 247	7 445	1 702
广　西			2 387	15		756	131
海　南	10 874		324			1 900	

各地区水产养殖面积

单位：公顷

地 区	总面积	比上年增减	海水养殖	比上年增减	淡水养殖	比上年增减
全国总计	**7 834 950**	**189 727**	**2 106 382**	**25 502**	**5 728 568**	**164 225**
北 京	4 860	-143			4 860	-143
天 津	40 426	-1 121	4 110	128	36 316	-1 249
河 北	210 098	11 333	134 264	10 454	75 834	879
山 西	16 233	1 393			16 233	1 393
内蒙古	111 594	3 039			111 594	3 039
辽 宁	952 986	-8 181	751 387	-11 714	201 599	3 533
吉 林	277 667	3 827			277 667	3 827
黑龙江	338 180	29 391			338 180	29 391
上 海	23 886	-1 364			23 886	-1 364
江 苏	769 402	19 320	201 073	8 647	568 329	10 673
浙 江	304 013	-8 843	90 839	-3 066	213 174	-5 777
安 徽	544 205	15 517			544 205	15 517
福 建	237 728	6 259	142 315	4 679	95 413	1 580
江 西	428 196	2 734			428 196	2 734
山 东	782 935	25 262	512 126	11 180	270 809	14 082
河 南	223 993	14 163			223 993	14 163
湖 北	666 733	10 016			666 733	10 016
湖 南	410 020	16 039			410 020	16 039
广 东	573 914	10 503	203 410	4 152	370 504	6 351
广 西	225 719	4 050	52 212	925	173 507	3 125
海 南	54 994	787	14 646	117	40 348	670
重 庆	81 245	4 855			81 245	4 855
四 川	188 423	5 197			188 423	5 197
贵 州	32 572	2 717			32 572	2 717
云 南	117 017	9 226			117 017	9 226
西 藏	28	-12			28	-12
陕 西	45 531	5 693			45 531	5 693
甘 肃	12 710	125			12 710	125
青 海	42 431	4 449			42 431	4 449
宁 夏	43 211	2 785			43 211	2 785
新 疆	74 000	711			74 000	711

各地区淡水养殖面积

单位：公顷

地区	按水域分					
	池塘	湖泊	水库	河沟	其他	稻田
全国总计	**2 449 911**	**1 023 009**	**1 851 877**	**272 684**	**131 087**	**1 207 914**
北京	4 344	140	300		76	
天津	30 304	526	4 638	470	378	
河北	28 266	4 201	41 182	1 697	488	3 477
山西	2 032	2 163	11 785	52	201	266
内蒙古	16 497	41 372	49 647	4 078		2 195
辽宁	48 158		104 980	2 743	45 718	101 333
吉林	27 603	96 111	153 736	217	1 484	
黑龙江	97 205	98 796	116 006	19 046	7 127	25 105
上海	21 033	283		2 342	228	
江苏	364 914	93 453	20 540	69 220	20 202	149 583
浙江	71 483	2 784	95 573	38 019	5 315	86 881
安徽	194 979	204 165	84 873	47 093	13 095	49 432
福建	35 348	800	52 236	4 954	2 075	18 813
江西	150 210	103 498	155 540	15 181	3 767	9 369
山东	119 908	20 445	117 396	7 935	5 125	542
河南	88 352	3 603	123 241	8 581	216	738
湖北	354 181	196 168	109 434	4 644	2 306	148 524
湖南	200 668	91 734	115 525	758	1 335	
广东	278 123	2 278	77 982	2 177	9 944	4 580
广西	77 209		87 312	6 794	2 192	43 147
海南	22 930	305	16 888	21	204	
重庆	45 397		27 425	7 872	551	42 791
四川	98 952	4 281	67 743	17 355	92	305 211
贵州	2 974	107	27 876	1 074	541	100 257
云南	33 372	13 889	68 293	1 111	352	107 767
西藏	28					
陕西	9 593	7 450	26 259	1 754	475	198
甘肃	1 185	35	11 355	3	132	
青海	318	4 254	37 859			
宁夏	15 294	26 443	1 068	406		6 221
新疆	9 051	3 725	45 185	7 304	8 735	

沿海地区海水养殖面积

单位：公顷

地　区	海水养殖面积	按养殖水域分			按养殖方式分		
		海　上	滩　涂	其　他	普通网箱（平方米）	深水网箱（立方水体）	工厂化（立方水体）
全国总计	**2 106 382**	**1 150 795**	**677 207**	**278 380**	**21 180 352**	**7 236 108**	**14 904 654**
天　津	4 110			4 110			333 700
河　北	134 264	84 508	27 990	21 766			1 290 475
辽　宁	751 387	553 870	128 161	69 356	221 495	493 000	2 771 702
上　海							
江　苏	201 073	40 117	129 615	31 341	25 020	23 030	405 130
浙　江	90 839	18 043	42 844	29 952	1 433 338	752 950	132 460
福　建	142 315	65 713	54 063	22 539	11 857 719	306 232	3 297 164
山　东	512 126	309 346	180 660	22 120	867 166	5 177 513	5 880 768
广　东	203 410	60 056	85 228	58 126	5 070 614	317 686	418 923
广　西	52 212	16 275	19 464	16 473	384 205	100 608	
海　南	14 646	2 867	9 182	2 597	1 320 795	65 089	374 332

全国水产苗种增减情况

指　标	单　位	2011 年	2010 年	2011 年比 2010 年增减绝对量
淡水鱼苗	亿尾	11 197	3 607	7 590
罗非鱼	亿尾	203	216	－14
淡水鱼种	吨	3 213 789	3 086 327	127 462
投放鱼种	吨	3 592 815	3 399 979	192 836
河蟹育苗量	千克	816 752	648 250	168 502
扣蟹	千克	43 705 044	35 357 492	8 347 552
稚鳖	万只	51 922	48 257	3 665
稚龟	万只	6 240	5 878	362
鳗苗捕捞量	千克	23 198	26 134	－2 936
海水鱼苗	万尾	453 840	445 016	8 824
大黄鱼	万尾	207 688	231 508	－23 820
鲆鱼	万尾	25 208	32 785	－7 577
虾类育苗量	亿尾	7 356	5 650	1 706
南美白对虾	亿尾	6 332	4 635	1 698
贝类育苗量	亿粒	128 544 631	119 844 654	8 699 977
鲍鱼	万粒	604 700	500 529	104 171
海带育苗量	亿株	395	303	91
紫菜育苗量	亿贝壳	26	26	
海参	亿头	470	553	－83

各地区水产品加工（一）

地　区	水产加工企业		水产冷库			
	企业数（个）	加工能力（吨/年）	冷　库（座）	冻结能力（吨/日）	冷藏能力（吨/次）	制冰能力（吨/日）
全国总计	**9 611**	**24 293 673**	**9 173**	**677 680**	**4 276 993**	**239 727**
北　京	5	7 685	218	68	26 420	55
天　津	5	1 965	20	232	200 945	42
河　北	259	559 535	222	6 169	59 829	4 675
山　西						
内蒙古	40	7 340	35	360	2 724	291
辽　宁	876	2 489 425	828	68 923	656 380	19 270
吉　林	25	20 950	17	170	1 195	105
黑龙江	30	4 700	18	298	2 365	65
上　海	19	54 956	36	1 022	11 550	375
江　苏	994	1 494 961	1 101	28 064	153 956	17 657
浙　江	2 216	2 423 774	1 384	35 039	807 882	27 921
安　徽	105	184 002	329	9 665	33 861	625
福　建	1 094	3 250 339	733	14 654	364 415	19 677
江　西	134	180 643	138	2 029	17 869	3 183
山　东	1 948	7 927 183	2 670	388 535	1 429 490	103 032
河　南	57	53 620	59	805	7 255	213
湖　北	216	1 157 810	289	65 240	71 614	10 978
湖　南	105	331 780	238	16 148	41 686	1 802
广　东	1 155	2 619 950	543	20 184	264 147	15 311
广　西	214	965 584	50	2 318	77 523	2 908
海　南	40	372 621	148	4 318	33 397	11 221
重　庆	3	390	15	12 047	5 070	46
四　川	8	30 340	8	160	1 750	13
贵　州	18	7 325	12	26	221	20
云　南	38	133 045	21	422	2 291	241
西　藏						
陕　西			4	26	35	1
甘　肃						
青　海						
宁　夏	1	10 000	5	500	800	
新　疆	6	3 750	32	258	2 323	

各地区水产品加工（二）

单位：吨

地 区	水产加工品总 量	淡水加工	海水加工	水 产冷冻品		
					冷冻品	冷冻加工品
全国总计	**17 827 840**	**3 051 392**	**14 776 448**	**11 037 216**	**5 452 898**	**5 584 318**
北 京	4 019	2 030	1 989	3 795	2 216	1 579
天 津	1 126	616	510	1 126	1 093	33
河 北	131 000	13 001	117 999	54 163	25 195	28 968
山 西						
内 蒙 古	8 179	8 179		5 898	5 348	550
辽 宁	1 969 610	37 257	1 932 353	1 300 078	409 086	890 992
吉 林	10 655	605	10 050	3 520	680	2 840
黑 龙 江	2 065	2 065		1 255	1 255	
上 海	18 681	12 364	6 317	18 621	3 110	15 511
江 苏	1 278 441	657 633	620 808	546 034	334 112	211 922
浙 江	2 235 327	147 307	2 088 020	1 695 563	1 243 747	451 816
安 徽	121 950	121 950		87 909	42 881	45 028
福 建	2 737 450	144 593	2 592 857	1 259 494	693 590	565 904
江 西	287 658	287 658		105 715	66 089	39 626
山 东	5 625 478	156 707	5 468 771	3 625 725	1 667 819	1 957 906
河 南	18 875	18 875		16 220	4 802	11 418
湖 北	671 339	671 339		283 571	88 260	195 311
湖 南	130 322	130 322		66 976	51 034	15 942
广 东	1 437 863	369 905	1 067 958	981 988	380 236	601 752
广 西	610 514	116 854	493 660	530 547	115 170	415 377
海 南	505 198	130 042	375 156	430 351	309 692	120 659
重 庆	117	117				
四 川	1 509	1 509		1 065	121	944
贵 州	3 959	3 959		2 846	2 846	
云 南	14 154	14 154		13 205	2 965	10 240
西 藏						
陕 西						
甘 肃						
青 海						
宁 夏	150	150				
新 疆	2 201	2 201		1 551	1 551	

各地区水产品加工（三）

单位：吨

地区	水产加工品总量						
	鱼糜制品及干腌制品	鱼糜制品	干腌制品	藻类加工品	罐制品	水产饲料（鱼粉）	鱼油制品
全国总计	**2 597 930**	**1 040 174**	**1 557 756**	**969 560**	**265 566**	**1 821 526**	**48 049**
北京						200	
天津							
河北	10 897	470	10 427		6 013	57 553	52
山西							
内蒙古	36		36	1 795	450		
辽宁	138 554	48 105	90 449	276 734	18 439	69 578	1 960
吉林	7 110	1 415	5 695				25
黑龙江	770		770		40		
上海							
江苏	59 302	19 374	39 928	19 054	13 494	622 543	
浙江	272 434	120 843	151 591	21 953	26 082	178 704	1 007
安徽	22 034	10 364	11 670		3 802	8 103	
福建	585 679	273 789	311 890	348 743	48 915	319 650	22 924
江西	148 710	57 472	91 238	1 438	5 485	18 094	
山东	676 933	255 052	421 881	287 807	58 019	355 462	20 191
河南	410	64	346	242	3		
湖北	356 249	132 981	223 268		30 437		
湖南	57 393	15 516	41 877	85	2 741	753	1 197
广东	200 297	89 542	110 755	2 209	50 617	173 000	693
广西	30 610	14 028	16 582		173	2 711	0
海南	28 157	984	27 173	9 200	90	15 175	0
重庆	117		117				
四川	444	130	314				
贵州	1 113	45	1 068				
云南	131		131	300	516		
西藏							
陕西							
甘肃							
青海							
宁夏					150		
新疆	550		550		100		

各地区水产品加工（四）

单位：吨

地 区	水产加工品总量			用于加工的水产品量		
	其他水产加工品	助剂和添加剂	珍 珠（千克）		淡水产品	海水产品
全国总计	**1 087 993**	**74 248**	**174 284**	**19 810 438**	**4 572 755**	**15 237 683**
北 京	24	24		4 567	2 578	1 989
天 津				1 270	760	510
河 北	2 322			282 820	15 129	267 691
山 西						
内 蒙 古				8 929	8 929	
辽 宁	164 267	2 300		2 929 056	42 419	2 886 637
吉 林				29 260	2 010	27 250
黑 龙 江				3 150	3 150	
上 海	60			20 476	13 329	7 147
江 苏	18 014	175	42	1 548 521	790 550	757 971
浙 江	39 584	11 038	996	2 435 657	166 399	2 269 258
安 徽	102	11	15 020	148 582	148 582	
福 建	152 045	4 369		3 177 539	138 553	3 038 986
江 西	8 216	106	481	496 071	496 071	
山 东	601 341	51 476		3 708 262	96 327	3 611 935
河 南	2 000			37 224	37 224	
湖 北	1 082	50	7 200	1 281 933	1 281 933	
湖 南	1 177		144 300	158 397	158 397	
广 东	29 059	202	6 245	1 998 896	545 358	1 453 538
广 西	46 473	4 497		684 661	164 833	519 828
海 南	22 225			807 085	412 142	394 943
重 庆				650	650	
四 川				2 647	2 647	
贵 州				6 873	6 873	
云 南				34 368	34 368	
西 藏						
陕 西				220	220	
甘 肃						
青 海						
宁 夏				315	315	
新 疆				3 009	3 009	

各地区渔船年末拥有量（一）

地 区	渔船合计		机动渔船			
	艘	总 吨	艘	海洋渔业	总 吨	海洋渔业
全国总计	**1 069 577**	**9 571 418**	**696 186**	**290 566**	**9 022 317**	**7 267 665**
北 京	268	5 258	29	10	5 225	5 150
天 津	3 686	29 041	2 817	543	28 662	27 645
河 北	17 577	215 396	12 731	9 518	212 604	206 504
山 西	308	557	218		482	
内 蒙 古	1 765	2 857	1 366		2 543	
辽 宁	47 521	770 237	44 477	42 279	765 935	756 892
吉 林	7 338	8 542	4 196		6 158	
黑 龙 江	17 799	18 970	11 427		14 942	
上 海	1 737	118 734	1 644	572	118 669	110 656
江 苏	251 529	1 229 590	129 033	12 458	960 983	293 065
浙 江	81 057	2 509 048	50 258	33 160	2 468 441	2 407 752
安 徽	56 842	384 800	30 946		320 581	
福 建	65 613	908 642	62 967	59 057	905 823	899 903
江 西	54 682	196 801	32 718		177 055	
山 东	112 933	1 078 822	71 030	41 807	1 050 208	931 029
河 南	10 663	19 886	4 254		14 191	
湖 北	106 075	166 436	50 587		114 145	
湖 南	59 921	113 809	42 666		90 755	
广 东	72 544	841 010	67 405	54 330	832 386	803 743
广 西	27 413	304 538	26 679	10 312	303 271	282 901
海 南	27 098	417 802	26 948	26 169	417 252	379 030
重 庆	6 930	15 171	5 777		14 204	
四 川	15 558	15 828	7 845		10 455	
贵 州	7 933	15 046	4 322		11 923	
云 南	10 603	10 969	1 381		3 572	
西 藏	81	50	8		12	
陕 西	1 787	5 085	884		4 350	
甘 肃	84	84	13		51	
青 海	175	693	172		693	
宁 夏	16	88	16		88	
新 疆	1 690	4 233	1 021		3 263	

注：全国总计包括中农发集团的数据。

各地区渔船年末拥有量（二）

地　　区	机动渔船		非机动渔船			
	千　瓦	海洋渔业	艘	海洋渔业	总　吨	海洋渔业
全国总计	**21 412 243**	**15 895 733**	**373 391**	**11 999**	**549 101**	**13 108**
北　　京	7 085	5 627	239		33	
天　　津	78 102	59 530	869		379	
河　　北	487 670	438 069	4 846		2 792	
山　　西	3 294		90		75	
内 蒙 古	17 871		399		314	
辽　　宁	1 582 479	1 561 009	3 044	740	4 302	1 190
吉　　林	46 247		3 142		2 384	
黑 龙 江	100 202		6 372		4 028	
上　　海	189 635	166 722	93		65	
江　　苏	3 112 170	748 484	122 496	522	268 607	651
浙　　江	4 398 653	4 222 603	30 799	1 408	40 607	2 386
安　　徽	425 088		25 896		64 219	
福　　建	2 334 050	2 305 875	2 646	2 341	2 819	2 563
江　　西	437 302		21 964		19 746	
山　　东	2 350 868	1 948 684	41 903		28 614	
河　　南	62 834		6 409		5 695	
湖　　北	417 952		55 488		52 291	
湖　　南	302 109		17 255		23 054	
广　　东	2 424 288	2 289 229	5 139	3 830	8 624	5 173
广　　西	928 713	698 379	734	220	1 267	1 010
海　　南	1 192 784	1 188 414	150	2 938	550	135
重　　庆	48 748		1 153		967	
四　　川	72 587		7 713		5 373	
贵　　州	66 759		3 611		3 123	
云　　南	22 018		9 222		7 397	
西　　藏	70		73		38	
陕　　西	17 806		903		735	
甘　　肃	481		71		33	
青　　海	3 755		3			
宁　　夏	1 496					
新　　疆	16 019		669		970	

六、乡镇企业

全国乡镇企业主要经济指标表（一）

单位：万个、万人、亿元

指　　标	企业个数	年末人数	总产值	营业收入
总　　计	**2 844.1**	**16 186.4**	**550 384.8**	**531 002.4**
按登记注册类型分组				
内资企业小计	2 834.7	15 224.9	492 525.9	472 358.2
集体企业	13.9	360.0	12 734.9	13 072.5
股份合作企业	20.3	252.2	7 459.5	7 403.3
联营企业	8.2	91.2	2 210.9	2 225.1
有限责任公司	84.4	2 308.9	119 198.0	119 594.7
股份有限公司	13.0	376.0	27 438.2	27 807.5
私营企业	495.4	5 663.5	205 262.0	199 821.9
个体工商户	2 199.4	6 173.0	118 222.4	102 433.3
港、澳、台商投资企业	5.7	542.5	27 215.7	27 085.1
外商投资企业	3.8	419.0	30 643.1	31 559.1
按国民经济行业分组				
农林牧渔业	18.4	201.2	6 893.5	5 151.0
工业	306.6	7 164.2	325 154.8	322 046.1
采矿业	15.9	422.2	17 320.1	18 915.1
制造业	283.1	6 616.9	302 940.0	298 061.5
电力、燃气及水的生产和供应业	7.5	125.1	4 894.7	5 069.5
建筑业	21.7	806.9	22 473.1	19 677.7
资质等级企业	5.6	371.0	9 128.6	8 127.7
交通运输仓储业	54.6	281.0	10 180.1	9 297.9
批发零售业	132.4	720.8	27 348.1	31 622.1
住宿及餐饮业	48.5	395.3	8 950.8	8 178.0
餐饮业	24.9	200.2	3 454.9	3 713.8
服务和娱乐业	34.9	232.9	8 284.5	7 899.8
其他	27.7	211.1	22 877.5	24 696.4

注：1. 按国民经济行业分组中不含个体工商户。
　　2. 服务和娱乐业包括居民服务、其他服务业和娱乐业。

全国乡镇企业主要经济指标表（二）

单位：亿元

指　　标	利润总额	上缴税金	劳动者报酬
总　　计	**32 425.9**	**13 412.9**	**26 270.6**
按登记注册类型分组			
内资企业小计	29 113.6	11 967.2	23 685.2
集体企业	729.3	344.8	591.2
股份合作企业	383.8	180.1	402.0
联营企业	118.3	52.7	99.4
有限责任公司	6 497.8	3 230.9	4 368.5
股份有限公司	1 544.5	791.3	933.4
私营企业	10 675.7	5 001.7	8 812.4
个体工商户	9 164.1	2 365.6	8 478.4
港、澳、台商投资企业	1 367.0	678.2	1 279.0
外商投资企业	1 945.2	767.6	1 306.5
按国民经济行业分组			
农林牧渔业	331.8	95.6	245.6
工业	18 444.8	8 778.3	13 031.2
采矿业	1 248.9	631.1	765.3
制造业	16 804.4	7 993.5	12 038.1
电力、燃气及水的生产和供应业	391.5	153.6	227.8
建筑业	1 011.3	595.6	1 674.5
资质等级企业	423.2	214.8	631.9
交通运输仓储业	538.6	226.9	453.9
批发零售业	1 449.9	654.3	1 092.2
住宿及餐饮业	544.6	249.6	530.1
餐饮业	233.3	109.2	252.4
服务和娱乐业	453.5	218.4	390.9
其他	487.2	228.6	373.8

各地区乡镇企业单位数（一）

单位：个

地　区	合　计	农林牧渔业	工业企业	建筑业	交通运输仓储业
全国总计	**6 447 115**	**183 859**	**3 065 682**	**217 094**	**545 804**
北　京	21 119	354	11 527	885	1 421
天　津	40 032		40 032		
河　北	174 793	3 914	106 734	7 625	5 665
山　西	110 241	4 842	36 542	4 667	8 820
内蒙古	166 737	4 544	26 438	3 215	8 703
辽　宁	162 022		40 052	3 177	34 150
吉　林	60 826	4 104	23 200	1 553	11 886
黑龙江	63 585	381	31 295	2 546	5 977
上　海	23 956		23 956		
江　苏	697 920	3 405	363 086	10 992	54 625
浙　江	853 439	1 927	561 772	6 266	52 153
安　徽	251 674	5 114	214 202	15 964	4 209
福　建	252 769	9 810	116 469	8 572	17 357
江　西	166 040	11 207	68 568	10 564	14 669
山　东	703 265	16 215	328 472	23 495	38 362
河　南	275 679	28 747	145 842	12 603	11 000
湖　北	295 684	7 867	94 305	14 128	33 955
湖　南	860 108	45 130	329 146	46 608	133 438
广　东	392 289	7 671	183 453	11 238	18 326
广　西	334 923	2 920	84 958	7 428	55 652
海　南	15 905	1 822	4 083	690	753
重　庆	75 452	4 155	27 546	5 475	4 812
四　川	220 453	7 469	80 501	5 993	17 215
贵　州					
云　南	32 521	1 218	17 467	1 404	705
西　藏					
陕　西	115 291	7 703	71 620	8 248	1 281
甘　肃	37 515	1 583	17 403	2 457	3 251
青　海	7 852	83	3 094	135	570
宁　夏	21 310	491	6 772	734	5 843
新　疆	13 715	1 183	7 147	432	1 006

注：各地区乡镇企业主要经济指标数据不含个体工商户（下同）。

各地区乡镇企业单位数（二）

单位：个

地　区	批发零售业	住宿及餐饮业	社会服务业	其他企业
全国总计	**1 323 913**	**484 796**	**349 083**	**276 884**
北　京	3 590	970	2 005	367
天　津				
河　北	26 114	10 339	9 994	4 408
山　西	32 815	11 320	7 751	3 484
内蒙古	68 131	35 238	15 519	4 949
辽　宁	51 643	14 210	11 348	7 442
吉　林	10 500	4 775	2 771	2 037
黑龙江	16 450	5 616	1 062	258
上　海				
江　苏	145 594	45 972	49 274	24 972
浙　江	139 467	32 078	33 164	26 612
安　徽	5 757	3 394	2 606	428
福　建	51 154	20 171	15 501	13 735
江　西	24 141	16 291	12 163	8 437
山　东	155 560	60 978	42 444	37 739
河　南	29 156	11 266	10 148	26 917
湖　北	67 863	37 868	26 466	13 232
湖　南	171 108	62 451	28 069	44 158
广　东	94 525	34 897	21 192	20 987
广　西	106 625	33 704	21 597	22 039
海　南	3 290	3 727	1 159	381
重　庆	19 317	2 608	8 009	3 530
四　川	57 878	24 075	19 843	7 479
贵　州				
云　南	6 267	2 263	2 513	684
西　藏				
陕　西	18 995	4 635	1 626	1 183
甘　肃	9 112	2 298	579	832
青　海	2 055	1 486	417	12
宁　夏	5 267	1 264	844	95
新　疆	1 539	902	1 019	487

各地区乡镇企业从业人员（一）

单位：人

地　　区	合　计	农林牧渔业	工业企业	建筑业	交通运输仓储业
全国总计	**100 134 273**	**2 012 199**	**71 641 887**	**8 068 977**	**2 809 959**
北　京	788 441	8 576	477 641	72 692	23 358
天　津	1 467 460		1 467 460		
河　北	6 338 894	70 765	4 760 406	572 256	90 265
山　西	3 444 608	66 113	2 099 671	267 056	133 100
内蒙古	1 584 877	73 392	757 580	153 047	57 960
辽　宁	3 690 451		2 081 892	255 408	310 671
吉　林	1 163 159	55 854	643 185	106 765	36 021
黑龙江	860 470	4 113	573 293	74 979	35 736
上　海	2 080 441		2 080 441		
江　苏	16 350 189	110 618	12 588 002	1 167 548	387 773
浙　江	11 041 795	24 190	9 375 500	707 154	126 757
安　徽	3 600 171	50 345	2 986 711	472 151	22 321
福　建	6 257 644	176 508	4 708 979	314 325	138 461
江　西	3 324 707	130 656	1 925 556	240 521	176 163
山　东	14 104 745	294 870	9 782 068	1 092 862	370 328
河　南	6 316 101	311 393	4 374 408	576 597	113 999
湖　北	5 094 162	156 698	2 872 332	564 127	178 222
湖　南	6 891 560	333 281	4 587 862	754 099	302 160
广　东	10 791 801	100 083	8 806 792	304 233	133 354
广　西	3 057 843	40 094	2 009 281	149 579	154 704
海　南	222 126	28 723	83 678	19 247	6 975
重　庆	2 416 043	61 512	1 308 853	588 425	77 508
四　川	5 000 197	159 116	3 256 912	490 654	170 961
贵　州					
云　南	1 583 853	51 585	999 096	280 812	37 762
西　藏					
陕　西	2 579 882	75 853	1 599 861	176 010	249 464
甘　肃	1 172 426	29 291	578 468	339 827	61 497
青　海	89 098	1 467	63 532	7 283	2 844
宁　夏	290 257	8 202	169 335	48 858	15 371
新　疆	320 872	26 771	212 926	28 334	7 693

各地区乡镇企业从业人员（二）

单位：人

地　区	批发零售业	住宿及餐饮业	社会服务业	其他企业
全国总计	**7 207 965**	**3 953 067**	**2 329 166**	**2 111 053**
北　京	57 264	34 936	100 463	13 511
天　津				
河　北	439 807	192 550	124 760	88 085
山　西	495 253	224 611	96 889	61 915
内蒙古	229 804	171 493	112 685	28 916
辽　宁	514 322	250 258	144 595	133 305
吉　林	178 250	93 910	31 627	17 547
黑龙江	76 293	69 683	24 278	2 095
上　海				
江　苏	947 970	445 443	421 246	281 589
浙　江	426 541	140 180	130 839	110 634
安　徽	19 356	20 112	10 321	18 854
福　建	405 479	238 145	134 780	140 967
江　西	362 448	229 097	116 358	143 908
山　东	1 148 904	638 921	375 088	401 704
河　南	378 944	220 832	80 218	259 710
湖　北	585 893	325 777	203 605	207 508
湖　南	448 401	222 404	85 076	158 277
广　东	577 968	438 859	230 528	199 984
广　西	367 751	160 818	99 626	75 990
海　南	29 422	35 887	13 292	4 902
重　庆	185 583	84 645	44 682	64 835
四　川	355 864	316 814	156 477	93 399
贵　州				
云　南	95 634	48 543	48 342	22 079
西　藏				
陕　西	303 598	145 141	22 585	7 370
甘　肃	103 073	34 354	10 996	14 920
青　海	6 711	5 304	1 836	121
宁　夏	23 023	12 891	4 216	8 361
新　疆	12 919	11 677	10 603	9 949

各地区乡镇企业总产值（一）

单位：万元

地　区	合　计	农林牧渔业	工业企业	建筑业	交通运输仓储业
全国总计	**4 321 624 508**	**68 935 333**	**3 251 548 224**	**224 730 835**	**101 800 751**
北　京	41 266 486	203 699	23 046 517	4 596 192	2 269 555
天　津	88 011 987		88 011 987		
河　北	301 903 538	2 280 919	246 378 282	12 579 665	6 657 978
山　西	122 617 362	1 319 224	84 169 839	6 056 132	4 974 111
内蒙古	37 398 693	3 837 231	21 759 874	2 659 931	1 297 557
辽　宁	295 700 348		221 256 153	13 616 637	15 473 071
吉　林	35 224 673	1 473 013	25 887 065	1 577 532	1 415 016
黑龙江	24 294 508	117 495	18 799 196	1 107 784	980 487
上　海	148 246 957		148 246 957		
江　苏	1 004 778 271	2 379 523	839 030 991	37 111 725	9 701 055
浙　江	619 667 862	5 770 316	506 843 524	29 496 004	16 647 600
安　徽	72 828 125	900 456	61 313 338	8 765 231	502 131
福　建	195 700 044	3 218 794	163 222 778	7 942 265	2 785 798
江　西	88 106 318	1 846 470	69 522 938	4 723 996	2 576 007
山　东	849 415 482	33 677 990	592 014 307	64 572 248	31 177 837
河　南	165 872 196	4 297 958	133 548 041	7 259 564	2 202 982
湖　北	160 186 518	4 624 947	120 438 545	9 783 305	4 469 843
湖　南	135 205 616	4 022 984	84 217 241	13 672 720	6 124 206
广　东	286 439 840	1 640 427	253 216 751	6 405 081	2 233 517
广　西	34 871 732	704 344	26 304 808	1 458 160	1 483 372
海　南	2 363 430	278 908	1 291 304	230 039	75 605
重　庆	65 978 481	946 410	42 339 018	10 917 049	1 742 907
四　川	168 085 747	2 733 476	138 401 642	8 207 179	3 050 888
贵　州					
云　南	44 234 719	896 594	34 330 245	3 594 793	773 078
西　藏					
陕　西	55 491 614	2 517 402	42 090 498	4 533 700	356 468
甘　肃	15 291 979	418 585	9 547 631	2 548 924	579 196
青　海	1 389 224	5 656	1 193 023	83 332	23 363
宁　夏	7 494 367	130 323	5 173 558	521 461	179 582
新　疆	8 418 391	892 189	6 182 173	800 186	107 541

各地区乡镇企业总产值（二）

单位：万元

地区	批发零售业	住宿及餐饮业	社会服务业	其他企业
全国总计	**273 480 637**	**89 508 452**	**82 845 232**	**228 775 044**
北京	7 786 658	486 084	1 998 780	879 001
天津				
河北	19 871 286	4 890 012	4 892 055	4 353 341
山西	16 287 094	4 875 365	1 973 994	2 961 603
内蒙古	3 773 143	1 749 417	1 962 612	358 928
辽宁	23 932 800	9 182 930	5 195 722	7 043 035
吉林	2 309 165	1 103 700	672 412	786 770
黑龙江	1 547 924	1 024 768	569 518	147 336
上海				
江苏	77 396 126	10 014 532	13 573 029	15 571 290
浙江	31 793 764	8 569 006	12 683 880	7 863 768
安徽	521 963	345 876	274 896	204 234
福建	9 637 351	2 763 553	2 328 025	3 801 480
江西	4 483 768	2 189 988	1 176 309	1 586 842
山东	59 409 931	30 496 945	25 106 368	12 959 856
河南	8 587 687	3 371 709	2 600 741	4 003 514
湖北	11 009 070	5 042 984	3 165 872	1 651 952
湖南	9 844 537	3 868 190	11 486 061	1 969 677
广东	11 453 891	5 270 093	2 951 952	3 268 128
广西	2 717 412	1 222 444	480 503	500 689
海南	158 643	184 670	49 913	94 348
重庆	4 531 816	2 013 848	832 864	2 654 569
四川	7 074 407	3 873 870	2 538 303	2 205 982
贵州				
云南	2 773 639	797 184	527 156	542 030
西藏				
陕西	3 735 797	1 380 297	499 364	378 088
甘肃	1 609 570	305 298	130 561	152 214
青海	42 071	33 874	7 135	770
宁夏	1 189 925	225 472	45 820	28 226
新疆	231 199	76 343	71 387	57 373

各地区乡镇企业营业收入（一）

单位：万元

地　　区	合　计	农林牧渔业	工业企业	建筑业	交通运输仓储业
全国总计	**4 285 690 759**	**51 510 301**	**3 220 461 337**	**196 776 758**	**92 978 579**
北　　京	37 560 828	180 674	22 227 023	4 066 787	2 196 310
天　　津	86 137 634		86 137 634		
河　　北	23 076 842	238 779	18 608 760	1 027 662	766 564
山　　西	117 474 748	1 149 977	79 155 118	5 490 262	5 167 714
内 蒙 古	35 651 481	3 669 994	20 177 435	2 457 639	1 225 513
辽　　宁	279 437 952		207 416 280	12 697 610	15 152 359
吉　　林	31 427 083	1 313 030	22 391 757	1 471 187	1 207 446
黑 龙 江	25 836 471	113 603	16 046 501	1 647 042	979 062
上　　海	159 950 823		159 950 823		
江　　苏	997 972 665	2 405 141	816 009 579	35 357 687	9 647 419
浙　　江	616 251 788	5 709 379	489 121 470	25 409 991	16 601 652
安　　徽	66 541 258	808 725	54 677 161	8 863 961	312 563
福　　建	182 943 160	3 083 498	151 587 877	7 488 107	2 485 725
江　　西	84 750 458	1 670 779	67 276 954	4 464 838	2 594 240
山　　东	848 533 878	13 872 657	667 173 071	42 927 964	20 731 250
河　　南	165 506 869	4 276 179	133 289 731	7 250 554	2 199 644
湖　　北	153 779 604	4 366 967	116 150 765	8 656 003	4 670 653
湖　　南	132 300 146	4 012 346	82 900 849	12 396 545	6 093 321
广　　东	274 245 783	1 411 873	238 767 845	6 203 182	2 238 252
广　　西	33 446 410	746 843	23 971 969	1 415 551	1 513 877
海　　南	2 461 711	252 433	1 161 705	208 496	75 477
重　　庆	65 281 891	929 482	40 153 727	9 811 118	1 608 092
四　　川	156 036 560	2 390 084	127 237 811	7 196 568	2 820 638
贵　　州					
云　　南	45 287 620	851 075	31 938 727	3 490 576	884 527
西　　藏					
陕　　西	52 868 050	1 985 122	38 778 062	2 658 528	356 468
甘　　肃	13 931 650	306 906	8 705 027	2 129 057	540 560
青　　海	1 299 679	4 440	1 131 076	70 269	19 927
宁　　夏	6 824 970	114 110	4 667 772	496 226	152 741
新　　疆	8 252 747	866 205	6 018 828	703 348	116 585

各地区乡镇企业营业收入（二）

单位：万元

地　区	批发零售业	住宿及餐饮业	社会服务业	其他企业
全国总计	**316 220 926**	**81 780 369**	**78 998 266**	**246 964 223**
北　京	5 908 081	462 912	1 706 851	812 190
天　津				
河　北	1 377 924	444 033	350 393	262 727
山　西	16 708 135	4 731 499	2 154 025	2 918 018
内蒙古	4 178 922	1 620 438	1 962 612	358 928
辽　宁	24 293 514	9 057 140	4 923 516	5 897 533
吉　林	2 370 561	1 133 338	677 010	862 754
黑龙江	5 135 213	1 139 040	638 432	137 578
上　海				
江　苏	92 591 387	10 063 135	16 332 031	15 566 286
浙　江	45 982 946	7 954 218	14 241 400	11 230 732
安　徽	495 641	300 121	278 963	804 123
福　建	10 855 761	2 544 585	2 233 094	2 664 513
江　西	4 324 579	2 025 333	965 332	1 428 403
山　东	53 477 797	21 437 179	15 350 220	13 563 740
河　南	8 535 775	3 359 726	2 598 682	3 996 578
湖　北	10 725 566	4 780 534	2 800 270	1 628 846
湖　南	9 821 438	3 856 765	11 265 356	1 953 526
广　东	14 066 925	5 162 342	3 074 368	3 320 996
广　西	3 524 397	1 306 469	478 295	489 009
海　南	387 520	231 819	49 913	94 348
重　庆	7 451 768	1 819 195	837 896	2 670 613
四　川	8 160 584	3 812 690	2 446 995	1 971 190
贵　州				
云　南	6 166 783	835 327	564 705	555 900
西　藏				
陕　西	6 832 121	1 380 297	499 364	378 088
甘　肃	1 713 452	284 909	116 888	134 851
青　海	38 786	28 998	5 976	207
宁　夏	1 097 960	226 334	44 573	25 254
新　疆	287 390	71 993	131 106	57 292

各地区乡镇企业利润总额（一）

单位：万元

地　区	合　计	农林牧渔业	工业企业	建筑业	交通运输仓储业
全国总计	**232 617 051**	**3 317 856**	**184 448 227**	**10 113 404**	**5 385 776**
北　京	2 110 007	10 484	1 253 330	158 673	127 422
天　津	7 051 885		7 051 885		
河　北	10 152 364	36 794	7 943 099	575 027	169 280
山　西	9 492 616	128 968	6 742 659	423 979	357 061
内蒙古	3 465 081	443 479	1 798 582	202 919	136 222
辽　宁	16 852 381		11 791 295	844 981	1 074 870
吉　林	2 688 008	144 682	1 860 776	160 481	114 404
黑龙江	1 397 037	9 944	904 255	126 380	68 115
上　海	21 318 334		21 318 334		
江　苏	58 237 424	145 156	46 488 255	2 247 544	730 057
浙　江	33 204 736	318 465	26 359 847	1 012 870	1 171 566
安　徽	6 800 112	124 789	5 345 355	884 753	43 256
福　建	10 985 373	213 488	8 800 457	521 077	222 137
江　西	5 606 421	137 774	4 492 425	246 343	142 765
山　东	61 119 311	1 302 820	48 649 615	2 821 185	1 472 220
河　南	18 516 499	529 598	14 543 365	728 711	234 483
湖　北	7 508 944	195 874	5 343 679	417 705	293 953
湖　南	4 760 020	173 314	3 185 034	469 026	230 270
广　东	15 101 966	142 385	12 022 144	441 612	272 143
广　西	2 206 007	66 063	1 463 754	103 197	147 626
海　南	219 296	25 668	113 999	16 437	7 105
重　庆	2 852 403	42 583	1 711 363	382 776	81 178
四　川	10 116 002	134 694	8 308 921	547 904	211 158
贵　州					
云　南	3 324 803	47 732	2 492 792	218 564	55 667
西　藏					
陕　西	2 635 550	119 165	1 936 825	131 446	22 893
甘　肃	811 940	28 194	507 056	120 119	24 579
青　海	66 132	1 006	53 502	3 961	1 281
宁　夏	506 682	11 757	380 000	34 300	19 555
新　疆	539 717	47 553	386 488	66 071	7 252

各地区乡镇企业利润总额（二）

单位：万元

地　区	批发零售业	住宿及餐饮业	社会服务业	其他企业
全国总计	**14 498 544**	**5 445 641**	**4 535 242**	**4 872 361**
北　京	222 746	32 717	223 537	81 098
天　津				
河　北	709 274	240 158	210 546	268 186
山　西	1 079 208	349 054	203 184	208 503
内蒙古	418 316	179 964	200 875	84 724
辽　宁	1 576 065	643 806	360 296	561 068
吉　林	164 020	153 433	60 471	29 741
黑龙江	180 175	61 317	37 982	8 869
上　海				
江　苏	4 932 050	832 167	1 177 521	1 684 674
浙　江	2 213 874	607 834	938 727	581 553
安　徽	53 699	43 561	30 586	274 113
福　建	618 011	245 155	169 443	195 605
江　西	218 346	138 328	108 899	121 541
山　东	3 069 308	1 693 832	1 130 279	980 052
河　南	925 616	408 321	310 793	835 612
湖　北	556 987	309 611	292 097	99 038
湖　南	407 876	141 342	57 241	95 917
广　东	799 239	780 796	397 539	246 108
广　西	202 478	133 763	48 372	40 754
海　南	24 298	20 256	4 514	7 019
重　庆	363 116	90 532	42 596	138 259
四　川	425 630	221 248	159 344	107 103
贵　州				
云　南	339 712	82 189	51 619	36 528
西　藏				
陕　西	303 084	74 671	27 013	20 453
甘　肃	94 872	19 522	6 786	10 812
青　海	3 221	2 175	948	38
宁　夏	39 330	8 006	5 020	8 714
新　疆	13 989	7 442	7 583	3 339

各地区乡镇企业上缴税金（一）

单位：万元

地　　区	合　计	农林牧渔业	工业企业	建筑业	交通运输仓储业
全国总计	**110 473 078**	**955 914**	**87 782 501**	**5 955 607**	**2 269 073**
北　京	1 835 148	2 059	1 071 105	195 722	101 250
天　津	2 951 450		2 951 450		
河　北	10 114 152	105 805	7 893 244	813 525	177 925
山　西	6 414 008	27 310	4 832 076	243 553	192 598
内蒙古	1 600 916	112 270	956 413	78 538	59 895
辽　宁	6 542 677		4 548 837	433 437	294 179
吉　林	786 933	25 976	597 259	32 970	28 839
黑龙江	651 415	3 514	400 185	54 013	33 061
上　海	3 951 252		3 951 252		
江　苏	32 444 314	71 537	26 994 436	1 279 189	384 835
浙　江	18 893 703	167 612	15 360 827	1 021 441	438 312
安　徽	1 377 231	30 271	1 077 726	205 623	9 566
福　建	5 611 065	59 120	4 629 160	292 725	80 013
江　西	3 218 011	63 662	2 437 489	182 763	99 915
山　东	22 126 420	288 475	16 988 461	1 247 299	590 534
河　南	3 224 703	28 746	2 503 776	188 769	38 166
湖　北	3 897 324	42 473	3 022 511	235 995	94 762
湖　南	2 176 803	55 348	1 496 416	271 942	82 908
广　东	8 273 713	46 156	6 823 943	249 709	86 111
广　西	1 100 976	13 189	815 528	50 238	42 554
海　南	90 647	5 110	43 175	13 128	3 744
重　庆	2 124 062	12 631	1 419 468	289 489	47 720
四　川	5 272 784	52 567	4 259 193	343 309	112 145
贵　州					
云　南	1 730 438	6 370	1 305 109	139 973	30 294
西　藏					
陕　西	1 002 711	37 977	746 836	44 020	6 820
甘　肃	289 528	3 898	193 651	43 174	6 403
青　海	34 963	340	27 970	2 311	814
宁　夏	173 707	3 682	130 022	16 594	4 617
新　疆	272 024	19 059	199 717	37 435	2 625

各地区乡镇企业上缴税金（二）

单位：万元

地　　区	批发零售业	住宿及餐饮业	社会服务业	其他企业
全国总计	**6 543 399**	**2 495 834**	**2 184 427**	**2 286 323**
北　　京	230 198	35 803	120 844	78 167
天　　津				
河　　北	570 116	236 970	155 750	160 817
山　　西	683 046	209 375	124 714	101 336
内 蒙 古	176 653	82 097	108 570	26 480
辽　　宁	619 542	229 710	113 505	303 467
吉　　林	44 048	33 021	13 649	11 171
黑 龙 江	93 908	37 557	22 436	6 741
上　　海				
江　　苏	1 867 166	454 718	639 104	753 329
浙　　江	943 133	244 529	440 989	276 860
安　　徽	10 121	8 862	5 431	29 631
福　　建	296 426	90 254	72 419	90 948
江　　西	211 400	89 334	66 897	66 551
山　　东	1 284 431	692 601	433 725	600 894
河　　南	210 220	83 159	93 229	78 638
湖　　北	249 365	137 831	62 642	51 745
湖　　南	126 982	72 294	29 836	41 077
广　　东	386 064	296 966	203 377	181 387
广　　西	78 566	52 770	26 923	21 208
海　　南	11 442	8 348	2 107	3 593
重　　庆	153 141	52 943	72 425	76 245
四　　川	214 326	140 360	86 082	64 802
贵　　州				
云　　南	159 137	30 156	26 728	32 671
西　　藏				
陕　　西	130 704	22 209	8 051	6 094
甘　　肃	29 674	7 278	2 380	3 070
青　　海	1 660	1 267	407	194
宁　　夏	10 135	2 880	1 587	4 190
新　　疆	5 523	2 177	2 997	2 491

各地区乡镇企业劳动者报酬（一）

单位：万元

地 区	合 计	农林牧渔业	工业企业	建筑业	交通运输仓储业
全国总计	**177 922 564**	**2 455 657**	**130 311 582**	**16 745 478**	**4 539 043**
北 京	2 168 203	17 007	1 395 495	166 511	65 088
天 津	4 609 138		4 609 138		
河 北	10 114 152	105 805	7 893 244	813 525	177 925
山 西	6 035 042	88 764	4 149 629	398 413	241 101
内蒙古	2 425 831	91 195	1 252 818	257 531	95 494
辽 宁	7 851 530		4 877 506	595 651	515 015
吉 林	1 740 746	81 068	1 151 734	123 250	122 320
黑龙江	1 023 603	8 288	565 642	102 671	61 780
上 海	8 513 715		8 513 715		
江 苏	42 709 472	172 074	31 607 939	3 730 674	876 427
浙 江	33 569 558	220 244	23 920 459	6 144 992	629 042
安 徽	3 969 623	50 411	3 327 497	441 745	22 001
福 建	12 274 674	275 733	9 519 683	641 111	239 459
江 西	5 779 341	148 130	4 027 035	316 836	253 981
山 东	21 993 899	410 875	15 660 644	1 829 095	637 901
河 南	8 522 059	323 547	5 909 683	861 135	137 830
湖 北	7 318 355	173 109	4 517 390	674 650	258 957
湖 南	7 581 872	366 814	5 047 370	829 698	332 486
广 东	20 797 303	135 285	17 172 322	686 376	245 978
广 西	3 289 121	50 158	2 073 163	185 305	219 839
海 南	228 781	26 723	99 929	23 123	7 195
重 庆	5 904 580	127 357	3 274 135	1 492 119	190 582
四 川	8 872 417	186 420	6 384 396	809 672	275 766
贵 州					
云 南	2 659 895	46 664	1 737 879	406 803	62 376
西 藏					
陕 西	2 923 469	72 560	1 974 184	169 435	276 605
甘 肃	833 613	23 249	440 937	227 256	34 649
青 海	99 606	864	79 642	6 900	2 471
宁 夏	398 845	12 416	268 491	59 129	15 304
新 疆	564 121	35 192	309 857	168 286	9 648

各地区乡镇企业劳动者报酬（二）

单位：万元

地区	批发零售业	住宿及餐饮业	社会服务业	其他企业
全国总计	**10 922 152**	**5 301 212**	**3 909 222**	**3 738 218**
北京	172 271	77 067	229 035	45 729
天津				
河北	570 116	236 970	155 750	160 817
山西	528 218	285 051	150 516	193 350
内蒙古	326 518	223 962	121 233	57 080
辽宁	846 250	383 274	238 601	395 233
吉林	154 305	61 119	32 272	14 678
黑龙江	135 238	99 227	43 576	7 181
上海				
江苏	3 213 048	1 030 575	1 076 175	1 002 560
浙江	1 155 058	413 893	696 783	389 087
安徽	18 124	17 412	12 312	80 121
福建	686 483	395 345	207 263	309 597
江西	459 900	262 661	129 905	180 893
山东	1 480 964	895 235	517 311	561 874
河南	506 418	281 851	230 734	270 861
湖北	762 962	399 487	261 739	270 061
湖南	493 207	244 613	93 581	174 103
广东	1 039 447	716 833	438 710	362 352
广西	394 979	177 560	96 321	91 796
海南	24 815	28 955	11 629	6 412
重庆	381 603	162 934	99 456	176 394
四川	506 771	379 154	207 295	122 943
贵州				
云南	194 989	87 446	81 535	42 203
西藏				
陕西	292 873	111 802	19 218	6 792
甘肃	66 968	24 094	7 909	8 551
青海	4 222	3 698	1 416	393
宁夏	20 569	8 913	3 938	10 085
新疆	18 664	6 786	9 467	6 221

各地区乡镇规模农产品加工企业（一）

单位：个、人、万元

地　区	企业个数	从业人员年平均数	总产值	销售产值
全国总计	**93 132**	**17 513 723**	**893 099 108**	**865 710 013**
北　京	444	110 633	4 838 568	4 787 301
天　津	642	213 437	10 335 200	9 585 000
河　北	2 283	637 429	28 589 318	27 919 688
山　西	357	97 234	4 518 992	4 321 455
内蒙古	1 057	180 900	6 768 625	6 403 512
辽　宁	3 647	536 746	64 475 898	61 843 916
吉　林	721	141 981	9 649 493	9 480 563
黑龙江	614	79 081	6 381 632	6 412 666
上　海	1 972	449 321	23 218 581	22 642 826
江　苏	15 020	2 560 258	163 802 898	161 747 978
浙　江	8 952	1 684 740	200 731 143	196 352 497
安　徽	1 741	282 123	8 639 491	8 410 629
福　建	19 617	1 625 874	72 471 616	66 127 907
江　西	1 082	278 324	11 228 213	10 797 231
山　东	12 824	3 744 898	207 114 990	204 059 596
河　南	2 874	448 604	21 506 329	21 490 768
湖　北	1 979	415 366	26 197 863	25 380 020
湖　南	2 718	611 829	27 783 141	27 912 562
广　东	7 133	2 212 161	73 466 652	73 892 850
广　西	964	200 108	9 237 570	8 762 546
海　南	49	12 620	352 665	338 038
重　庆	667	110 232	4 262 666	4 204 072
四　川	3 374	516 170	42 542 384	41 114 366
贵　州				
云　南	637	107 742	4 760 443	4 148 794
西　藏				
陕　西	906	139 022	8 963 681	89 182
甘　肃	177	25 966	914 301	874 270
青　海	16	3 854	151 482	144 856
宁　夏	300	45 838	2 465 903	2 285 458
新　疆	365	41 232	3 830 124	3 977 305

各地区乡镇规模农产品加工企业（二）

单位：个、人、万元

地　　区	营业收入	利润总额	上缴税金	劳动者报酬
全国总计	**864 008 364**	**53 847 555**	**20 148 992**	**35 258 282**
北　　京	5 315 718	155 402	214 769	379 038
天　　津	9 981 100	1 185 600	427 500	890 200
河　　北	25 919 439	1 883 707	820 797	944 775
山　　西	4 277 447	257 070	160 340	187 593
内 蒙 古	6 288 681	645 619	280 676	316 318
辽　　宁	60 683 452	3 532 439	1 024 660	1 176 517
吉　　林	10 433 720	619 577	176 407	212 657
黑 龙 江	12 947 642	346 774	183 144	107 643
上　　海	23 967 678	1 555 193	649 068	1 781 600
江　　苏	160 596 063	9 087 948	4 960 995	7 416 261
浙　　江	197 402 732	10 256 491	2 954 261	8 354 543
安　　徽	8 302 285	426 547		
福　　建	66 220 501	6 603 553	1 754 865	3 289 685
江　　西	10 889 747	705 030	376 093	399 993
山　　东	199 206 880	14 650 952	4 803 705	6 294 562
河　　南	21 484 818	1 744 081	288 429	692 126
湖　　北	24 596 069	1 386 333	688 021	831 736
湖　　南	26 922 250	1 417 669	477 200	968 364
广　　东	71 419 529	3 604 202	1 665 179	4 608 690
广　　西	8 618 357	576 214	245 717	381 707
海　　南	335 536	33 347	11 257	15 277
重　　庆	4 092 467	203 985	140 147	222 976
四　　川	40 215 351	2 144 243	935 727	1 173 245
贵　　州				
云　　南	4 557 349	365 726	169 704	206 503
西　　藏				
陕　　西	8 723 577	321 714	37 927	298 871
甘　　肃	850 458	55 674	21 276	58 550
青　　海	169 459	42 491	8 481	3 785
宁　　夏	2 228 915	203 357	55 237	109 635
新　　疆	3 682 080	203 483	94 972	104 043

各地区乡镇企业个体工商户情况

地　　区	单位数（个）	从业人员年末数（人）	注册资金（万元）	营业收入（万元）	上缴税金（万元）
全国总计	**21 994 381**	**61 730 057**	**101 889 886**	**1 024 333 137**	**23 656 159**
北　京	129 602	507 093	1 327 963	5 264 627	157 473
天　津	62 117	388 757	333 138	14 620 989	343 687
河　北	1 368 509	7 325 753	6 993 935	132 828 668	2 375 774
山　西	653 897	2 361 133	2 856 530	22 659 528	958 436
内蒙古	455 584	1 232 789	2 932 806	10 684 511	421 651
辽　宁	1 045 199	3 572 248	5 694 085	142 438 801	2 118 673
吉　林	628 976	1 400 648	1 186 790	19 009 185	340 127
黑龙江	457 109	1 434 444	2 813 203	13 722 406	264 991
上　海	172 135	361 310	481 794	3 369 054	254 597
江　苏	1 652 026	2 665 043	16 506 142	136 967 309	4 678 841
浙　江	456 851	2 786 704		57 360 823	1 065 798
安　徽	848 425	3 841 257		20 201 135	501 312
福　建	793 454	2 411 151	3 734 524	21 316 946	609 759
江　西	752 912	2 278 547	3 935 939	14 129 593	635 225
山　东	2 079 388	5 159 140	7 300 858	53 201 296	2 556 958
河　南	1 753 528	6 567 438	6 504 851	135 398 265	1 136 267
湖　北	670 017	2 068 051	2 762 730	20 331 800	804 102
湖　南	1 300 748	4 316 287	11 881 900	44 038 784	884 084
广　东	1 269 246	5 947 750	5 670 919	40 567 625	924 406
广　西	791 073	2 561 337	2 409 810	16 079 552	406 247
海　南	42 512	188 484	291 435	847 744	31 785
重　庆	185 012	327 870	514 728	2 497 186	149 932
四　川	1 455 670	4 485 307	5 627 575	21 111 709	484 864
贵　州					
云　南	961 458	2 670 470	2 749 785	27 641 454	534 642
西　藏					
陕　西	1 077 426	3 359 778	4 635 391	30 767 504	598 066
甘　肃	319 954	1 210 547	1 370 987	11 090 007	244 357
青　海	100 951	330 149	230 108	997 413	28 955
宁　夏	132 637	351 892	418 898	1 154 489	43 078
新　疆	377 965	898 680	723 062	4 034 734	102 072

各地区乡镇企业外向型经济情况（一）

单位：个、万元

地　　区	出口企业单位数	年出口交货值500万元以上	出口企业交货值	年出口交货值500万元以上	本年止境外办企业单位数	本年止境外办企业累计投资（人民币）
全国总计	**152 989**	**55 309**	**437 339 943**	**348 747 947**	**30 705**	**7 162 568**
北　京	477	310	1 635 673	1 437 643	20	11 622
天　津	1 183	747	5 257 131	5 161 798	1	680
河　北	7 356	1 296	12 397 494	6 974 562	80	309 800
山　西	269	231	1 752 092	1 726 479	2	10 656
内蒙古	86	55	346 171	277 532	8	12 588
辽　宁	5 564	1 519	13 893 128	9 711 650	51	230 541
吉　林	2 014	57	491 424	442 649	4	29 603
黑龙江	710	602	103 281	89 467	46	11 508
上　海	4 292	3 579	53 543 250	52 680 024		
江　苏	19 392	9 710	106 357 622	93 345 942	268	2 371 757
浙　江	41 484	15 037	77 308 761	55 611 525	21 562	621 792
安　徽	2 745	645	3 760 251	2 788 519	75	33 696
福　建	9 517	3 536	19 554 050	16 528 487	704	526 601
江　西	1 290	469	2 660 993	2 131 608		
山　东	19 617	5 944	47 593 925	31 883 523	955	1 327 625
河　南	6 276	511	3 694 929	2 398 732	33	74 814
湖　北	1 196	490	5 295 475	3 715 513	193	286 748
湖　南	3 715	673	2 995 090	2 524 784	236	412 852
广　东	19 645	8 736	65 125 467	52 488 731	83	748 552
广　西	1 498	340	7 441 451	1 253 912	280	43 205
海　南	22	15	70 512	69 241		
重　庆	185	132	2 303 024	2 294 239	71	2 646
四　川	405	273	1 432 966	1 359 260	29	74 599
贵　州						
云　南	168	120	785 946	623 696	10	8 680
西　藏						
陕　西	311	114	781 407	583 060	22	2 250
甘　肃	2 991	107	390 189	287 650	19	7 413
青　海						
宁　夏	545	33	303 630	294 567	153	473
新　疆	36	28	64 611	63 154	5 800	1 867

各地区乡镇企业外向型经济情况（二）

单位：个、万美元

地区	本年乡镇企业与外商合资合作			本年乡镇企业与港澳台商		
	新签协议项目数	外商协议投资额	外商实际投资额	新签协议项目数	港澳台商协议投资额	港澳台商实际投资额
全国总计	**40 039**	**5 920 327**	**3 441 708**	**29 171**	**3 715 154**	**2 051 225**
北京	329	4 460	6 583	1	23 017	1 200
天津	76	35 919	75 186	15	27 678	7 880
河北	744	290 361	497 511	20	51 016	28 532
山西	3	7 211	3 100	3	21 291	15 891
内蒙古	61	44 037	5 932	738	8 031	2 532
辽宁	557	335 411	211 181	146	220 730	134 088
吉林	6	6 350	3 600			
黑龙江	32	2 260	1 060	3	3 000	1 350
上海	784	386 665	242 597	1 328	177 145	158 506
江苏	3 027	2 720 379	1 240 901	4 810	1 322 387	619 028
浙江	6 299	201 043	130 951	7 969	196 511	135 651
安徽	555	29 636	10 599	65	15 001	9 632
福建	4 161	269 484	153 437	2 524	144 859	156 433
江西	260	76 173	53 093	856	158 032	75 683
山东	20 278	814 160	338 257	2 973	380 202	163 313
河南	377	49 923	41 392	438	30 828	30 143
湖北	252	208 385	125 118	147	298 410	135 348
湖南	261	69 606	31 103	566	395 560	159 945
广东	363	212 987	162 561	876	221 146	172 761
广西	62	38 036	27 502	8	2 663	6 302
海南						
重庆	6	3 442	1 825			
四川	523	74 221	53 561	555	3 811	3 200
贵州						
云南	9	1 969	175	56	10	8 680
西藏						
陕西	25	25 549	23 283	9	10 032	9 764
甘肃	9	12 660	1 200			
青海	980					
宁夏				5 065	3 794	63
新疆						15 300

七、农垦

全国农垦生产建设综合情况（一）

项　　目	单　位	2011 年	2010 年	2011 年比 2010 年增减	
				绝对量	%
基本情况					
农垦国有企业	个	5 072	5 261	-189	-3.59
农场	个	1 785	1 807	-22	-1.22
工业企业	个	1 218	1 290	-72	-5.58
建筑企业	个	523	537	-14	-2.61
运输企业	个	234	290	-56	-19.31
商业企业	个	1 312	1 337	-25	-1.87
总人口	万人	1 352.48	1 332.31	20.17	1.51
职工总数	万人	329.32	330.75	-1.43	-0.43
在岗职工人数	万人	297.41	295.51	1.90	0.64
耕地面积	千公顷	6 116.33	5 989.27	127.06	2.12
当年造林	千公顷	66.42	88.25	-21.83	-24.74
橡胶面积	千公顷	462.44	469.40	-6.96	-1.48
农垦生产总值	亿元	4 212.47	3 382.67	829.80	13.50
第一产业增加值	亿元	1 394.97	1 171.30	223.67	9.80
第二产业增加值	亿元	1 748.63	1 341.69	406.94	17.90
第三产业增加值	亿元	1 068.87	869.68	199.19	12.50
工农业总产值	亿元	8 291.60	6 535.24	1 756.36	15.50
农业总产值	亿元	2 803.86	2 342.34	461.52	11.20
工业总产值	亿元	5 487.74	4 192.90	1 294.84	20.10
农垦人均生产总值	元/人·年	31 691	25 669	6 022	12.60
工资总额	亿元	653.89	546.06	107.83	19.75
职工平均工资	元/人·年	19 856	16 510	3 346	14.30
在岗职工平均工资	元/人·年	21 449	17 900	3 549	14.60
人均纯收入	元/人·年	9 344	8 232	1 112	9.20
固定资产投资总额	亿元	2 441.26	1 811.22	630.04	34.79
主要农作物面积产量					
农作物总播种面积	千公顷	6 414.64	6 310.42	104.22	1.65
粮食作物面积	千公顷	4 613.53	4 557.64	55.89	1.23
粮食作物总产量	万吨	3 198.65	2 953.29	245.36	8.31
棉花面积	千公顷	719.32	665.37	53.95	8.11
棉花总产量	万吨	163.80	143.93	19.87	13.81
油料作物面积	千公顷	377.47	375.36	2.11	0.56
油料作物总产量	万吨	82.74	80.34	2.40	2.99

注：表中价值量指标均按当年价格计算，增长速度按可比价格计算。

全国农垦生产建设综合情况（二）

项　　目	单　位	2011 年	2010 年	2011 年比 2010 年增减	
				绝对量	%
糖料作物面积	千公顷	112.55	103.89	8.66	8.34
糖料作物总产量	万吨	818.54	766.86	51.68	6.74
干胶总产量	万吨	32.09	32.78	-0.69	-2.10
剑麻产量（折纤维）	万吨	3.36	3.21	0.15	4.67
水果总产量	万吨	337.19	323.40	13.79	4.26
茶叶总产量	万吨	4.54	4.63	-0.09	-1.94
牲畜头数和畜、水产品产量					
猪年末头数	万头	1 216.57	1 134.18	82.39	7.26
大牲畜年末头数	万头	340.82	319.22	21.60	6.77
良种及改良种奶牛	万头	153.68	143.15	10.53	7.36
羊年末只数	万只	1 319.16	1 298.74	20.42	1.57
肉类总产量	万吨	278.91	256.43	22.48	8.77
牛奶总产量	万吨	405.94	366.09	39.85	10.89
羊毛总产量	万吨	2.77	2.72	0.05	1.84
禽蛋总产量	万吨	44.04	39.71	4.33	10.90
鹿茸总产量	吨	84.29	77.45	6.84	8.83
蜂蜜总产量	吨	7 264	8 481	-1 217	-14.35
水产品产量	万吨	126.74	115.17	11.57	10.05
主要农业机械、电和化肥用量					
农业机械总动力	万千瓦	2 283.85	2 126.49	157.36	7.40
大中型农用拖拉机	万台	16.17	14.60	1.57	10.75
	万千瓦	651.83	594.67	57.16	9.61
农用小型及手扶拖拉机	万台	34.70	32.97	1.73	5.25
	万千瓦	388.40	388.03	0.37	0.10
农用排灌动力机械	万台	26.18	24.84	1.34	5.39
	万千瓦	370.28	359.88	10.40	2.89
联合收割机	万台	3.98	3.92	0.06	1.53
	万千瓦	294.13	269.93	24.20	8.97
农场用电量	亿千瓦时	119.03	174.12	-55.09	-31.64
农用化肥施用总量	万吨	241.16	227.81	13.35	5.86
主要工业产品产量					
原煤	万吨	3 382.88	2 901.05	481.83	16.61
混配合饲料	万吨	584.63	483.13	101.50	21.01
食用植物油	万吨	227.61	193.08	34.53	17.88

全国农垦生产建设综合情况（三）

项　　目	单　位	2011 年	2010 年	2011 年比 2010 年增减	
				绝对量	%
机制糖	万吨	206.99	205.79	1.20	0.58
乳制品	万吨	267.81	283.99	-16.18	-5.70
液体乳	万吨	235.30	247.60	-12.30	-4.97
饮料酒	万千升	156.83	144.42	12.41	8.59
葡萄酒	万千升	5.95	7.51	-1.56	-20.77
纱	万吨	52.82	51.16	1.66	3.24
布	亿米	6.95	6.48	0.47	7.25
机制纸和纸板	万吨	55.48	61.72	-6.24	-10.11
水泥	万吨	2 747.09	2 245.07	502.02	22.36
砖	亿块	126.56	94.02	32.54	34.61
发电量	亿千瓦时	225.95	156.63	69.32	44.26
粮食商品量	**万吨**	**2 820.93**	**2 605.24**	**215.69**	**8.28**
粮食商品率	%	88.19	88.21	-0.02	-0.02
出口商品总金额	**亿元**	**656.91**	**541.50**	**115.41**	**21.31**
贸易业、餐饮业销售总额	**亿元**	**3 261.26**	**2 490.73**	**770.53**	**30.94**
服务业营业收入	**亿元**	**152.53**	**127.18**	**25.35**	**19.93**

项　　目	单　位	合　计	第一产业	第二产业	第三产业
非国有经济基本情况					
经营单位个数	个	677 806	305 012	38 693	334 101
集体经济	个	3 137	2 122	314	701
个体经济	个	608 575	277 607	25 418	305 550
私营经济	个	60 445	20 457	12 656	27 332
港澳台及外商经济	个	361	42	296	23
从业人员	万人	246	85	85	76
从业人员收入	亿元	493.24	138.46	201.04	153.74
生产总值（现价）	亿元	1 934.28	345.82	1 045.06	543.40
资产总额	亿元	3 340.19	261.40	2 221.06	857.73
固定资产原值	亿元	2 072.57	229.36	1 380.94	462.27
应交税金	亿元	125.29	1.42	92.13	31.74
利润总额	亿元	314.86	63.91	167.40	83.55

各地区农垦基本情况（一）

地区	国有企业个数	农场	工业	建筑业	运输业	商业	总人口（人）	职工人数（人）
全国总计	**5 072**	**1 785**	**1 218**	**523**	**234**	**1 312**	**13 524 840**	**3 293 209**
北京	49	8	22	3	4	12	58 460	32 116
天津	49	15	21	3	1	9	19 257	5 580
河北	82	33	21	9	3	16	439 726	67 422
山西	28	26	1			1	24 190	4 869
内蒙古	144	104	17	1	1	21	490 400	126 751
辽宁	194	108	18	11	1	56	929 681	271 328
吉林	99	88	9			2	271 320	57 886
黑龙江	612	113	142	37	87	233	1 711 963	402 976
上海	419	19	91	6	53	250	128 236	86 638
江苏	51	18	21	7		5	211 677	68 462
浙江	67	57	4			6	72 680	2 444
安徽	56	21	11	5		19	136 356	30 319
福建	165	115	44			6	231 882	31 192
江西	293	154	77	22	8	32	890 537	357 852
山东	26	14	6	1		5	19 546	6 412
河南	144	96	36	1		11	129 841	37 825
湖北	184	53	84	14	4	29	1 424 345	381 664
湖南	301	70	118	95	6	12	684 223	146 309
广东	262	46	113	15	8	80	382 056	59 169
广西	157	41	68	16	1	31	318 204	36 106
海南	211	47	46	62	8	48	977 770	181 045
重庆	25	15	4	1		5	19 195	5 842
四川	47	39	6			2	14 215	3 452
贵州	43	38	5				26 201	5 155
云南	150	41	44	5	32	28	337 471	85 288
陕西	69	12	6			51	28 089	5 182
甘肃	96	17	57	4		18	102 744	22 253
青海	22	17	4			1	55 168	5 868
宁夏	42	14	17	3		8	126 753	20 052
新疆（兵团）	691	175	56	188	8	264	2 613 724	568 343
新疆（农业）	154	46	41	14	9	44	222 402	49 150
新疆（畜牧）	128	124	4				408 629	122 087
热科院	4					4	12 975	3 336
广州	6		3			3	1 783	1 783
南京	2	1	1				3 141	1 053

各地区农垦基本情况（二）

地　区	耕　地 面　积 （公顷）	农作物 耕地面积 （公顷）	农　垦 生产总值 （万元）	工农业 总产值 （万元）	出口商品 总金额 （万元）
全国总计	**6 116 329**	**6 414 641**	**42 124 655**	**82 916 044**	**6 569 085**
北　京	1 455	1 175	400 750	1 210 701	69 862
天　津	2 949	3 207	131 680	276 742	4 966
河　北	92 472	100 443	2 857 631	6 035 426	94 703
山　西	6 657	6 274	35 724	48 870	
内蒙古	651 048	588 705	952 100	1 552 420	592
辽　宁	156 119	174 071	2 002 935	7 703 731	211 933
吉　林	117 699	117 987	172 532	338 276	1 500
黑龙江	2 853 885	2 842 779	9 163 724	15 431 264	314 382
上　海	29 449	57 336	1 237 123	2 455 113	90 979
江　苏	72 864	136 361	852 714	1 876 810	29 749
浙　江	4 208	5 613	453 113	3 048 795	326 913
安　徽	34 546	68 610	188 865	417 848	
福　建	11 045	23 507	404 022	1 083 756	32 764
江　西	52 475	108 086	1 151 082	3 196 812	187 795
山　东	10 159	14 123	81 200	550 101	
河　南	26 838	49 883	117 687	358 182	4 303
湖　北	136 878	307 607	4 563 000	9 769 107	233 855
湖　南	67 246	150 135	942 856	1 445 567	24 488
广　东	37 534	47 337	976 336	1 904 378	512 324
广　西	32 911	32 632	2 966 738	4 171 440	113 431
海　南	36 786	59 548	1 358 453	1 700 403	55 984
重　庆	4 987	112	108 732	585 582	
四　川	859	908	16 589	40 577	128
贵　州	1 753	2 319	25 801	63 658	
云　南	12 016	18 485	379 785	644 269	1 942
陕　西	9 070	14 605	56 317	114 811	
甘　肃	53 714	54 029	128 560	402 507	1 077
青　海	26 492	19 567	22 783	29 462	
宁　夏	39 625	40 505	162 869	304 545	6 584
新疆（兵团）	1 241 161	1 114 080	9 688 364	15 270 476	4 236 499
新疆（农业）	89 500	80 400	182 924	313 091	9 750
新疆（畜牧）	201 459	173 945	295 542	507 336	
热科院	470	261	22 902	4 598	
广　州			18 597	47 470	2 584
南　京		5	4 626	11 919	

各地区农垦生产总值

地　区	生产总值（万元）				构成（%）		
		第一产业增加值	第二产业增加值	第三产业增加值	第一产业	第二产业	第三产业
全国总计	**42 124 655**	**13 949 680**	**17 486 294**	**10 688 681**	**33.1**	**41.5**	**25.4**
北　京	400 750	138 041	92 140	170 569	34.4	23.0	42.6
天　津	131 680	15 405	44 223	72 052	11.7	33.6	54.7
河　北	2 857 631	368 988	1 746 928	741 715	12.9	61.1	26.0
山　西	35 724	10 425	13 338	11 961	29.2	37.3	33.5
内蒙古	952 100	430 181	346 808	175 111	45.2	36.4	18.4
辽　宁	2 002 935	694 304	917 999	390 632	34.7	45.8	19.5
吉　林	172 532	136 930	23 283	12 319	79.4	13.5	7.1
黑龙江	9 163 724	4 733 535	2 181 884	2 248 306	51.7	23.8	24.5
上　海	1 237 123	87 174	461 049	688 900	7.0	37.3	55.7
江　苏	852 714	220 360	420 086	212 268	25.8	49.3	24.9
浙　江	453 113	23 519	412 354	17 240	5.2	91.0	3.8
安　徽	188 865	99 654	50 456	38 754	52.8	26.7	20.5
福　建	404 022	90 173	277 645	36 204	22.3	68.7	9.0
江　西	1 151 082	167 227	737 293	246 562	14.5	64.1	21.4
山　东	81 200	30 429	46 278	4 493	37.5	57.0	5.5
河　南	117 687	53 320	39 608	24 759	45.3	33.7	21.0
湖　北	4 563 000	699 973	2 775 368	1 087 659	15.3	60.8	23.8
湖　南	942 856	336 245	418 531	188 080	35.7	44.4	19.9
广　东	976 336	279 768	461 793	234 775	28.7	47.3	24.0
广　西	2 966 738	397 302	1 804 858	764 578	13.4	60.8	25.8
海　南	1 358 453	868 159	194 303	295 991	63.9	14.3	21.8
重　庆	108 732	10 925	67 090	30 717	10.0	61.7	28.3
四　川	16 589	5 061	9 163	2 365	30.5	55.2	14.3
贵　州	25 801	6 837	18 933	31	26.5	73.4	0.1
云　南	379 785	255 844	43 459	80 482	67.4	11.4	21.2
陕　西	56 317	24 242	28 625	3 450	43.0	50.8	6.1
甘　肃	128 560	53 000	68 077	7 483	41.2	53.0	5.8
青　海	22 783	20 519	1 076	1 188	90.1	4.7	5.2
宁　夏	162 869	90 506	44 262	28 101	55.6	27.2	17.3
新疆（兵团）	9 688 364	3 276 231	3 672 035	2 740 098	33.8	37.9	28.3
新疆（农业）	182 924	109 929	35 025	37 970	60.1	19.1	20.8
新疆（畜牧）	295 542	211 045	20 674	63 823	71.4	7.0	21.6
热科院	22 902			22 902			100.0
广　州	18 597	3 980	10 411	4 206	21.4	56.0	22.6
南　京	4 626	449	1 239	2 938	9.7	26.8	63.5

各地区农垦工农业总产值

地　　区	工农业总产值（万元）	农　业	工　业	构成（%）	
				农　业	工　业
全国总计	**82 916 044**	**28 038 636**	**54 877 408**	**33.8**	**66.2**
北　京	1 210 701	856 481	354 220	70.7	29.3
天　津	276 742	59 122	217 620	21.4	78.6
河　北	6 035 426	712 263	5 323 163	11.8	88.2
山　西	48 870	22 136	26 734	45.3	54.7
内蒙古	1 552 420	906 874	645 546	58.4	41.6
辽　宁	7 703 731	1 432 842	6 270 889	18.6	81.4
吉　林	338 276	264 279	73 997	78.1	21.9
黑龙江	15 431 264	8 798 021	6 633 243	57.0	43.0
上　海	2 455 113	347 428	2 107 685	14.2	85.8
江　苏	1 876 810	514 358	1 362 452	27.4	72.6
浙　江	3 048 795	87 784	2 961 011	2.9	97.1
安　徽	417 848	196 288	221 560	47.0	53.0
福　建	1 083 756	213 461	870 295	19.7	80.3
江　西	3 196 812	404 955	2 791 857	12.7	87.3
山　东	550 101	73 586	476 515	13.4	86.6
河　南	358 182	128 919	229 263	36.0	64.0
湖　北	9 769 107	1 430 898	8 338 209	14.6	85.4
湖　南	1 445 567	531 062	914 505	36.7	63.3
广　东	1 904 378	520 452	1 383 926	27.3	72.7
广　西	4 171 440	629 958	3 541 482	15.1	84.9
海　南	1 700 403	1 431 031	269 372	84.2	15.8
重　庆	585 582	33 658	551 924	5.7	94.3
四　川	40 577	9 209	31 368	22.7	77.3
贵　州	63 658	18 569	45 089	29.2	70.8
云　南	644 269	532 315	111 954	82.6	17.4
陕　西	114 811	40 693	74 118	35.4	64.6
甘　肃	402 507	142 321	260 186	35.4	64.6
青　海	29 462	26 899	2 563	91.3	8.7
宁　夏	304 545	211 847	92 698	69.6	30.4
新疆（兵团）	15 270 476	6 758 492	8 511 984	44.3	55.7
新疆（农业）	313 091	248 002	65 089	79.2	20.8
新疆（畜牧）	507 336	438 542	68 794	86.4	13.6
热科院	4 598	4 598		100.0	
广　州	47 470	9 573	37 897	20.2	79.8
南　京	11 919	1 720	10 199	14.4	85.6

各地区农垦出口商品金额

单位：万元

地　　区	出口商品总金额			工业品金额		
	2011 年	2010 年	增减（%）	2011 年	2010 年	增减（%）
全国总计	**6 569 085**	**5 415 011**	**21.3**	**5 930 184**	**4 682 466**	**26.6**
北　　京	69 862	53 591	30.4	12 144	11 024	10.2
天　　津	4 966	4 438	11.9	4 966	4 129	20.3
河　　北	94 703	76 160	24.4	79 502	63 909	24.4
山　　西						
内 蒙 古	592	459	29.0		459	
辽　　宁	211 933	224 240	-5.5	195 443	206 877	-5.5
吉　　林	1 500	1 200	25.0			
黑 龙 江	314 382	415 334	-24.3	138 412	169 552	-18.4
上　　海	90 979	71 619	27.0	88 066	69 784	26.2
江　　苏	29 749	29 348	1.4	12 467	11 278	10.5
浙　　江	326 913	228 305	43.2	326 913	228 305	43.2
安　　徽						
福　　建	32 764	39 329	-16.7	17 377	29 543	-41.2
江　　西	187 795	117 929	59.2	166 653	102 561	
山　　东						
河　　南	4 303	1 882	128.6			
湖　　北	233 855	164 427	42.2	190 625	142 387	33.9
湖　　南	24 488	24 021	1.9	17 689	17 350	2.0
广　　东	512 324	452 321	13.3	467 867	441 674	5.9
广　　西	113 431	105 172	7.9	101 306	94 134	7.6
海　　南	55 984	47 410	18.1	55 304	46 908	17.9
重　　庆						
四　　川	128					
贵　　州						
云　　南	1 942	2 292	-15.3	1 942	2 292	-15.3
陕　　西						
甘　　肃	1 077	7 893	-86.4	1 077	7 893	-86.4
青　　海						
宁　　夏	6 584	7 998	-17.7			
新疆（兵团）	4 236 499	3 327 814	27.3	4 052 432	3 032 407	33.6
新疆（农业）	9 750	9 540	2.2			
新疆（畜牧）						
热 科 院						
广　　州	2 584	2 289	12.9			
南　　京						

全国农垦农作物播种面积和产量

项 目	播种面积（千公顷）		总产量（吨）		每公顷产量（千克）	
	2011 年	2010 年	2011 年	2010 年	2011 年	2010 年
农作物总计	**6 414. 64**	**6 310. 42**				
粮食	4 613. 53	4 557. 64	31 986 531	29 532 925	6 933	6 480
夏收粮食	462. 29	504. 81	2 696 222	2 743 422	5 832	5 435
稻谷	2 002. 75	1 816. 96	17 118 391	15 141 205	8 547	8 333
早稻	81. 82	84. 40	503 993	506 859	6 160	6 005
小麦	673. 22	690. 19	3 273 277	3 359 067	4 862	4 867
春小麦	375. 27	355. 15	1 388 611	1 465 945	3 700	4 128
玉米	1 132. 21	1 047. 54	9 102 294	8 091 872	8 039	7 725
谷子	3. 51	2. 93	11 610	8 914	3 308	3 042
高粱	12. 64	15. 45	69 315	77 447	5 485	5 013
大豆	602. 38	764. 67	1 556 986	1 951 134	2 585	2 552
薯类	56. 88	60. 73	411 086	390 999	7 227	6 438
油料	377. 47	375. 36	827 445	803 350	2 192	2 140
花生	30. 48	29. 82	106 987	92 360	3 510	3 097
油菜籽	215. 35	215. 31	420 874	390 171	1 954	1 812
向日葵	99. 34	98. 79	256 596	269 022	2 583	2 723
棉花	719. 32	665. 37	1 637 974	1 439 318	2 277	2 163
麻类	2. 95	3. 45	16 169	18 699	5 481	5 420
糖料	112. 55	103. 89	8 185 414	7 668 551	72 730	73 814
甘蔗	63. 05	61. 48	5 069 479	5 103 183	80 410	83 006
烟叶	2. 00	1. 68	4 716	4 064	2 363	2 419
药材	16. 79	16. 60	44 853	18 376	2 672	1 107
蔬菜、瓜类	290. 06	283. 13	13 041 877	12 595 571	44 963	44 487
其他农作物	279. 99	303. 30				

各地区农垦主要农作物播种面积和产量（一）

地　　区	农作物播种面积（公顷）	粮食			稻谷		
		播种面积（公顷）	总产量（吨）	每公顷产量（千克）	播种面积（公顷）	总产量（吨）	每公顷产量（千克）
全国总计	**6 414 641**	**4 613 526**	**31 986 531**	**6 933**	**2 002 750**	**17 118 391**	**8 547**
北　　京	1 175	891	4 145	4 652			
天　　津	3 207	2 416	16 859	6 978	859	7 275	8 469
河　　北	100 443	64 468	420 485	6 522	19 805	192 513	9 721
山　　西	6 274	4 753	30 720	6 463			
内 蒙 古	588 705	415 192	1 693 124	4 078	3 584	30 012	8 374
辽　　宁	174 071	155 088	1 312 687	8 464	103 950	931 108	8 957
吉　　林	117 987	106 181	740 758	6 976	35 882	326 770	9 107
黑 龙 江	2 842 779	2 744 067	20 369 839	7 423	1 454 964	12 789 134	8 790
上　　海	57 336	40 749	308 898	7 581	22 505	192 242	8 542
江　　苏	136 361	122 444	910 512	7 436	57 916	507 566	8 764
浙　　江	5 613	2 632	12 434	4 724	1 019	7 179	7 045
安　　徽	68 610	61 518	370 681	6 026	17 676	145 190	8 214
福　　建	23 507	12 676	70 241	5 541	8 756	51 978	5 936
江　　西	108 086	78 378	511 359	6 524	73 355	486 764	6 636
山　　东	14 123	7 545	45 020	5 967	534	4 605	8 624
河　　南	49 883	41 282	273 259	6 619	950	7 282	7 665
湖　　北	307 607	150 141	877 350	5 844	42 288	368 100	8 705
湖　　南	150 135	94 916	600 278	6 324	83 356	554 110	6 648
广　　东	47 337	8 746	61 767	7 062	5 534	39 157	7 076
广　　西	32 632	2 211	14 567	6 589	629	4 720	7 504
海　　南	59 548	29 578	143 953	4 867	24 744	122 423	4 948
重　　庆	112	8	40	5 000			
四　　川	908	439	3 957	9 013	68	529	7 776
贵　　州	2 319	1 108	5 974	5 392	343	2 399	6 994
云　　南	18 485	11 515	56 325	4 891	4 152	30 388	7 319
陕　　西	14 605	12 690	76 104	5 997	172	192	1 116
甘　　肃	54 029	35 613	251 011	7 048			
青　　海	19 567	7 629	33 381	4 376			
宁　　夏	40 505	32 851	324 777	9 886	11 246	92 379	8 214
新疆（兵团）	1 114 080	252 340	1 672 930	6 630	20 680	180 218	8 715
新疆（农业）	80 400	31 800	222 272	6 990	3 525	32 745	9 289
新疆（畜牧）	173 945	81 420	549 445	6 748	4 018	10 042	2 499
热 科 院	261	242	1 379	6	241	1 371	5 694
广　　州							
南　　京	5						

各地区农垦主要农作物播种面积和产量（二）

地　区	粮　食						
	小　麦			玉　米			大　豆
	播种面积（公顷）	总产量（吨）	每公顷产量（千克）	播种面积（公顷）	总产量（吨）	每公顷产量（千克）	播种面积（公顷）
全国总计	**673 216**	**3 273 277**	**4 862**	**1 132 213**	**9 102 294**	**8 039**	**602 380**
北　京	390	1 355	3 474	493	2 764	5 606	8
天　津	499	2 726	5 463	1 014	6 690	6 598	42
河　北	16 576	74 256	4 480	16 320	107 847	6 608	1 773
山　西	272	1 117	4 107	3 947	23 961	6 071	83
内蒙古	155 829	409 007	2 625	126 977	940 495	7 407	96 498
辽　宁	106	529	4 991	40 505	343 124	8 471	5 271
吉　林				54 274	374 623	6 902	4 608
黑龙江	93 520	534 767	5 718	680 399	5 577 911	8 198	456 299
上　海	10 405	67 086	6 448				182
江　苏	44 015	290 979	6 611	3 743	17 184	4 591	566
浙　江	569	2 340	4 112	144	552	3 833	766
安　徽	31 541	191 238	6 063	591	3 559	6 027	11 030
福　建	4	6	1 500	468	2 062	4 406	771
江　西	524	1 935	3 691	708	4 474	6 323	1 465
山　东	3 786	22 849	6 035	2 162	14 873	6 879	1 063
河　南	22 583	164 671	7 292	12 519	87 801	7 013	5 006
湖　北	78 254	334 365	4 273	19 255	128 690	6 683	4 730
湖　南	2 834	9 918	3 500	5 145	27 155	5 278	1 356
广　东				577	6 735	11 672	148
广　西				1 076	8 132	7 557	100
海　南				734	3 786	5 158	234
重　庆				5	32	6 400	2
四　川	64	284	4 444	62	202	3 250	2
贵　州	79	103	1 304	454	1 596	3 515	27
云　南	253	516	2 040	6 761	24 599	3 638	
陕　西	5 573	25 525	4 580	6 201	45 816	7 388	410
甘　肃	16 906	104 075	6 156	11 575	100 978	8 724	13
青　海	2 578	13 283	5 153				
宁　夏	3 540	25 647	7 245	18 024	206 675	11 467	37
新疆（兵团）	128 070	742 785	5 800	79 180	635 879	8 031	8 790
新疆（农业）	11 020	59 065	5 360	14 850	122 660	8 260	1 100
新疆（畜牧）	43 426	192 851	4 441	24 050	281 440	11 702	
热科院							
广　州							
南　京							

各地区农垦主要农作物播种面积和产量（三）

地区	粮食		棉花			油料	
	大豆						
	总产量（吨）	每公顷产量（千克）	播种面（公顷）	总产量（吨）	每公顷产量（千克）	播种面积（公顷）	总产量（吨）
全国总计	**1 556 986**	**2 585**	**719 318**	**1 637 974**	**2 277**	**377 470**	**827 445**
北京	26	3 250					
天津	116	2 762	685	1 651	2 410	10	15
河北	3 927	2 215	22 141	27 029	1 221	2 119	2 430
山西	167	2 012	133	161	1 211	105	194
内蒙古	190 880	1 978	16	60	3 750	148 564	263 537
辽宁	15 334	2 909				4 976	24 504
吉林	9 529	2 068				9 005	14 332
黑龙江	1 239 764	2 717				20 783	28 960
上海	338	1 854	155	210	1 351	133	244
江苏	1 319	2 330	2 906	4 474	1 540	725	2 134
浙江	1 889	2 466	57	69	1 211	81	136
安徽	27 280	2 473	3 726	5 947	1 596	1 270	2 493
福建	2 049	2 658				1 568	4 448
江西	3 288	2 244	3 244	9 740	3 002	12 446	26 069
山东	2 693	2 533	5 984	5 736	959	100	286
河南	12 741	2 545	1 956	3 302	1 688	4 304	9 431
湖北	13 632	2 882	58 820	82 889	1 409	33 625	93 763
湖南	2 571	1 896	7 010	13 858	1 977	23 484	57 280
广东	420	2 838				2 870	8 185
广西	383	3 827				802	3 135
海南	543	2 321				2 347	5 770
重庆	5	2 500				3	6
四川	4	1 880				19	33
贵州	33	1 222				465	751
云南						113	200
陕西	954	2 327	404	1 096	2 713	357	1 030
甘肃	20	1 538	4 860	8 865	1 824	3 898	14 774
青海						10 955	13 344
宁夏	56	1 514				2 616	8 226
新疆（兵团）	23 965	2 726	534 620	1 293 053	2 419	63 330	178 701
新疆（农业）	3 060	2 782	36 650	73 667	2 010	4 400	11 000
新疆（畜牧）			35 949	106 167	2 953	21 995	52 029
热科院						1	4
广州							
南京							

各地区农垦主要农作物播种面积和产量（四）

地 区	油 料	油菜籽			糖 料		
	每公顷产量（千克）	播种面积（公顷）	总产量（吨）	每公顷产量（千克）	播种面积（公顷）	总产量（吨）	每公顷产量（千克）
全国总计	**2 192**	**215 348**	**420 874**	**1 954**	**112 545**	**8 185 414**	**72 730**
北 京							
天 津	1 500						
河 北	1 147	490	403	822	67	2 680	40 000
山 西	1 848	8	27	3 375	174	8 895	51 121
内 蒙 古	1 774	111 938	178 750	1 597	588	20 840	35 442
辽 宁	4 924				31	1 340	43 226
吉 林	1 592						
黑 龙 江	1 393				17 906	834 173	46 586
上 海	1 830	133	244	1 830			
江 苏	2 943	672	1 983	2 951			
浙 江	1 679	62	96	1 548			
安 徽	1 963	648	1 317	2 032	1	7	7 000
福 建	2 837	113	175	1 549	389	29 245	75 180
江 西	2 094	9 000	16 690	1 855	200	5 814	
山 东	2 860						
河 南	2 191	354	543	1 534			
湖 北	2 788	24 451	59 982	2 453	123	10 240	
湖 南	2 439	22 789	56 070	2 460	860	61 009	70 941
广 东	2 852				29 356	2 028 975	69 116
广 西	3 909				22 617	2 170 184	95 954
海 南	2 458				5 017	325 188	
重 庆	2 000	3	6	2 000			
四 川	1 753	18	22	1 211			
贵 州	1 615	465	751	1 615			
云 南	1 770	32	63	1 969	4 483	438 817	97 885
陕 西	2 885	8	15	1 875			
甘 肃	3 790	333	724	2 174	35	2 118	
青 海	1 218	10 955	13 344	1 218			
宁 夏	3 144				2	90	45 000
新疆（兵团）	2 822	21 440	61 483	2 868	27 270	2 059 217	75 512
新疆（农业）	2 500	2 500	5 500	2 200	1 300	68 640	52 800
新疆（畜牧）	2 365	8 936	22 686	2 539	2 127	117 943	55 461
热 科 院	4						
广 州							
南 京							

各地区农垦主要工业产品产量（一）

地　　区	发电量（万千瓦时）	原煤（吨）	混配合饲料（吨）	水泥（万吨）	砖（万块）	机制纸及纸板（吨）
全国总计	**2 259 531**	**33 828 806**	**5 846 315**	**2 747**	**1 265 631**	**554 816**
北　　京						3 500
天　　津						5 878
河　　北	40 380		217 853	49	20 427	94 454
山　　西			11 868			
内 蒙 古		19 666 002	35 741	90	45 392	1 830
辽　　宁			115 955	36	24 035	3 415
吉　　林				85	1 200	6 800
黑 龙 江	57 665	667 798	420 026	221	163 989	36 144
上　　海			150 249			
江　　苏			100 451		23 872	
浙　　江	15 779		286 462	120	1 150	
安　　徽	13 000		62 944	23	9 785	
福　　建	11 472	106 200	8 200	65	21 645	66 865
江　　西	20 442	258 762	27 890	76	144 192	47 337
山　　东			370		1 380	
河　　南			89 500	9	4 006	2 430
湖　　北	13 480		1 075 913	252	254 398	32 974
湖　　南	5 985		1 044 861		16 013	38 670
广　　东	14 283		5 167	62	41 451	17 547
广　　西	20 109		378 082	54	102 857	59 331
海　　南	6 606			90	3 990	
重　　庆			465 800			
四　　川	21 316	669			430	
贵　　州	120		21 070		46	
云　　南	38 045			18	6 585	
陕　　西		1 509 491				
甘　　肃	2 210		10 080	231		
青　　海					1 440	
宁　　夏		65 318	25 986		29 791	
新疆（兵团）	1 975 873	11 413 450	1 195 036	1 207	294 131	135 218
新疆（农业）	2 200	129 116	14 377		35 646	
新疆（畜牧）	566	12 000	79 134	60	17 780	2 423
热 科 院						
广　　州						
南　　京			3 300			

各地区农垦主要工业产品产量（二）

地　区	纱（万吨）	布（万米）	机制糖（吨）	饮料酒（千公升）	乳制品（吨）	食用植物油（吨）
总　计	**52.82**	**69 503**	**2 069 886**	**1 568 299**	**2 678 149**	**2 276 083**
北　京				20	239 343	
天　津				38 565	63 665	
河　北	0.01	8 176		4 642	469 077	30 813
山　西					770	
内蒙古				1 349	23 414	66 970
辽　宁				375 009	124 505	23 237
吉　林				23		
黑龙江			37 699	60 675	282 439	1 126 424
上　海			656 209	98 300	768 445	
江　苏	2.66					12 989
浙　江		31 244		60	6 690	
安　徽	0.96			5 554	18 350	2 938
福　建		1 946		5 098	2 880	820
江　西	3.00	2 029		42 755	700	14 478
山　东						
河　南	1.36	23		4 440	12 922	2 721
湖　北	19.60	20 462		366 060	91 788	571 528
湖　南	3.70	234	4 349	4 412	5 486	3 516
广　东			437 270	2 638	87 951	1 960
广　西			675 545	14 528	3 415	468
海　南			29 575	149		70
重　庆					195 888	
四　川				7 164	2 189	
贵　州					43 566	
云　南			61 501	400		
陕　西					3 670	1 980
甘　肃				178 035		
青　海						
宁　夏				166 275	19 816	13
新疆（兵团）	19.30	5 389	167 738	187 980	122 403	398 827
新疆（农业）	2.23			4 168	539	10 490
新疆（畜牧）					57 876	5 841
热科院						
广　州					30 362	
南　京						

全国农垦畜牧业生产情况

项　　目	单　位	2011 年	2010 年	2011 年比 2010 年增减	
				绝对量	%
牲畜饲养					
大牲畜年末总头数	万头	340.82	319.22	21.60	6.8
#役畜	万头	21.05	18.86	2.19	11.6
占总头数比重	%	6.2	5.9		0.3
牛	万头	307.17	292.01	15.16	5.2
#能繁殖母畜	万头	162.23	152.73	9.50	6.2
占年末头数比重	%	52.8	52.3	0.5	1.0
仔畜	万头	86.42	83.20	3.22	3.9
#黄牛	万头	142.67	135.89	6.78	5.0
良种及改良奶牛	万头	153.68	143.15	10.53	7.4
马	万匹	21.23	17.41	3.82	21.9
猪年末头数	万头	1 216.57	1 134.18	82.39	7.3
能繁殖母畜	万头	163.57	152.08	11.49	7.6
占年末头数比重	%	13.4	13.4		
羊年末只数	万只	1 319.16	1 298.74	20.42	1.6
能繁殖母畜	万只	827.04	805.50	21.54	2.7
占年末只数比重	%	62.7	62.0	0.7	0.7
畜产品产量					
肉类总产量	吨	2 789 114	2 564 307	224 807	8.8
出栏肉猪	万头	2 102.95	1 943.81	159.14	8.2
猪肉产量	吨	1 620 995	1 489 055	131 940	8.9
出栏肉牛	万头	146.00	146.74	-0.74	-0.5
牛肉产量	吨	247 133	225 684	21 449	9.5
出栏肉羊	万只	1 127.91	1 071.21	56.70	5.3
羊肉产量	吨	204 991	189 174	15 817	8.4
牛奶产量	吨	4 059 434	3 660 900	398 534	10.9
羊毛产量	吨	27 735	27 201	534	2.0
蜂蜜产量	吨	7 264	8 481	-1 217	-14.3
禽蛋产量	吨	440 383	397 089	43 294	10.9

各地区农垦主要牲畜年末存栏情况

地　区	大牲畜（万头）	牛	奶　牛	猪（万头）	羊（万头）
全国总计	**340.82**	**307.17**	**153.68**	**1 216.57**	**1 319.16**
北　京	4.34	4.34	4.34	5.31	
天　津	2.08	1.94	1.94	0.25	
河　北	14.94	14.69	13.91	29.04	6.61
山　西	1.29	1.27	1.21	1.05	0.88
内蒙古	41.43	37.12	21.12	20.13	227.12
辽　宁	13.33	9.77	2.67	79.27	15.78
吉　林	4.52	3.90	1.04	14.74	16.98
黑龙江	95.60	95.20	42.50	243.31	170.54
上　海	5.02	5.02	5.02	27.51	
江　苏	0.46	0.46	0.37	8.23	1.21
浙　江	0.20	0.20	0.20	29.00	
安　徽	0.73	0.73	0.54	4.00	0.59
福　建	1.34	1.34	0.41	40.80	0.88
江　西	3.19	3.19	0.63	57.30	1.46
山　东	0.42	0.42	0.41	1.88	0.95
河　南	0.81	0.81	0.24	25.00	1.25
湖　北	3.77	3.77	1.20	107.60	4.89
湖　南	5.67	5.67	0.02	101.00	2.60
广　东	2.65	2.65	0.84	48.51	0.15
广　西	0.80	0.80	0.16	100.29	0.05
海　南	6.87	6.87		59.20	12.09
重　庆	2.89	2.89	2.89	6.31	
四　川	7.58	7.21	0.42	0.55	2.54
贵　州	2.16	2.14	2.05	0.60	0.32
云　南	0.51	0.50	0.03	6.87	0.34
陕　西	0.20	0.20	0.11	1.79	1.71
甘　肃	1.19	1.05	0.15	1.38	15.65
青　海	4.63	4.22	3.53	0.34	27.00
宁　夏	3.43	3.43	3.02	3.41	6.86
新疆（兵团）	44.90	40.56	21.29	183.62	440.27
新疆（农业）	6.87	5.05	1.53	5.20	31.10
新疆（畜牧）	56.44	39.20	19.36	2.52	329.25
热科院	0.03	0.03		0.55	0.09
广　州	0.54	0.54	0.54		
南　京					

各地区农垦渔业生产情况

地区	水产养殖面积（公顷）	对虾养殖面积	水产品产量（吨）	养殖产量	对虾产量
全国总计	**309 579**	**19 636**	**1 267 386**	**1 103 808**	**45 635**
北京					
天津	668	200	7 390	7 390	
河北	13 867	8 240	77 183	70 687	14 214
山西	8		6	6	
内蒙古	2 348		1 616	1 553	
辽宁	75 099	4 548	401 798	305 618	6 574
吉林	976		1 263	1 092	
黑龙江	26 311		28 535	22 163	
上海	3 241		33 342	33 342	
江苏	4 988	548	46 586	30 286	3 945
浙江	1 032	621	5 355	3 757	2 167
安徽	1 009		4 565	4 228	
福建	2 147	164	33 389	25 846	737
江西	18 444		36 546	25 428	
山东	4 534	3 060	5 606	2 826	582
河南	519		5 375	5 210	
湖北	46 071		366 347	366 347	
湖南	50 320		76 545	64 103	
广东	3 953	1 446	31 306	31 306	10 184
广西	1 363	272	15 721	15 721	1 820
海南	5 462	537	40 131	38 629	5 412
重庆	28		306	306	
四川	5		14		
贵州	48		27	27	
云南	1 160		5 046	5 046	
陕西	33		42	42	
甘肃	339		70	70	
青海					
宁夏	7 020		10 134	10 134	
新疆（兵团）	35 186		30 897	30 412	
新疆（农业）	3 300		1 840	1 840	
新疆（畜牧）	72		310	310	
热科院	19		83	83	
广州					
南京	8		12		

各地区农垦固定资产投资完成情况

单位：万元

地　区	投资总额				新增固定资产
		第一产业	第二产业	第三产业	
全国总计	**24 412 601**	**2 822 544**	**11 861 307**	**9 728 749**	**17 332 570**
北　京	146 226	41 744	70 576	33 906	150 307
天　津	34 969	3 276	5 878	25 815	6 690
河　北	2 586 063	165 738	1 528 247	892 078	1 301 624
山　西	4 289	3 724	80	485	4 029
内蒙古	611 041	166 304	213 996	230 741	611 041
辽　宁	2 130 521	402 750	1 048 482	679 289	1 974 584
吉　林	16 317	7 903	7 140	1 274	16 092
黑龙江	2 855 291	502 581	262 934	2 089 776	2 506 694
上　海	277 460	51 517	80 051	145 892	112 381
江　苏	254 852	37 549	77 146	140 157	142 489
浙　江	91 973	1 161	85 943	4 869	52 324
安　徽	79 368	15 383	11 587	52 398	46 841
福　建	170 297	8 448	130 931	30 918	136 669
江　西	1 227 156	36 077	916 753	274 326	820 410
山　东	30 729	8 676	18 878	3 175	30 729
河　南	16 526	3 635	11 221	1 670	16 014
湖　北	3 173 848	176 580	2 208 373	788 895	2 567 000
湖　南	754 025	281 329	372 687	100 009	749 760
广　东	215 582	49 002	48 380	118 200	135 164
广　西	1 802 099	72 264	924 172	805 663	1 044 665
海　南	608 292	62 847	75 321	470 124	577 301
重　庆	26 873	7 568	9 717	9 588	8 714
四　川	1 665	773	882	10	1 725
贵　州	14 533	11 760	2 773		12 550
云　南	64 786	15 018	11 323	38 445	49 605
陕　西	12 555	7 239	1 438	3 878	1 950
甘　肃	104 472	39 233	46 582	18 657	24 210
青　海	2 695	2 633		62	2 501
宁　夏	101 390	28 904	13 551	58 935	41 812
新疆（兵团）	6 835 110	501 787	3 654 880	2 678 443	4 059 376
新疆（农业）	19 733	13 775	2 968	2 990	13 650
新疆（畜牧）	111 568	93 636	17 221	712	92 471
热科院	23 294			23 294	15 054
广　州	6 863	1 730	1 197	3 936	5 506
南　京	140			140	638

八、农　机

全国主要农业机械情况（一）

项　　目	单　位	2011 年	2010 年	2011 年比 2010 年增减	
				绝对量	%
农业机械总动力	**万千瓦**	**97 734.66**	**92 780.48**	**4 954.18**	**5.34**
柴油发动机动力	万千瓦	78 536.31	74 597.13	3 939.18	5.28
汽油发动机动力	万千瓦	2 872.37	2 596.62	275.75	10.62
电动机动力	万千瓦	16 259.41	15 518.77	740.64	4.77
其他机械动力	万千瓦	66.57	67.95	-1.38	-2.03
拖拉机及配套机械					
拖拉机数量	万台	2 255.87	2 177.97	77.90	3.58
大中型拖拉机数量	万台	440.64	392.17	48.47	12.36
小型拖拉机数量	万台	1 815.22	1 785.79	29.43	1.64
拖拉机动力	万千瓦	30 305.78	28 445.38	1 860.40	6.54
大中型拖拉机动力	万千瓦	12 850.15	11 166.99	1 683.16	15.07
小型拖拉机动力	万千瓦	17 455.63	17 278.39	177.24	1.03
拖拉机配套农具	万部	3 760.96	3 605.41	155.55	4.31
大中拖配套农具	万部	698.95	612.86	86.09	14.05
小拖配套农具	万部	3 062.01	2 992.55	69.46	2.32
种植业机械					
耕整地机械					
耕整机	万台（套）	528.90	420.78	108.12	25.70
机耕船	万艘	15.47	14.42	1.05	7.29
机引犁	万台	1 304.43	1 287.60	16.83	1.31
深松机	万台	18.53	14.08	4.45	31.63
机引耙	万台	755.09	752.49	2.60	0.35
种植施肥机械					
播种机	万台	553.79	538.14	15.65	2.91
免耕播种机	万台	71.79	73.21	-1.42	-1.94
精少量播种机	万台	334.57	329.28	5.29	1.61
水稻种植机械					
水稻直播机	万台	2.99	2.53	0.46	18.20
水稻插秧机	万台	42.70	33.30	9.40	28.22
水稻浅栽机	万台	0.91	0.86	0.05	6.23
化肥深施机	万台	74.02	70.64	3.38	4.79
地膜覆盖机	万台	44.82	40.98	3.84	9.38

全国主要农业机械情况（二）

项　　目	单　位	2011 年	2010 年	2011 年比 2010 年增减	
				绝对量	%
农用排灌机械					
农用排灌动力机械数量	万台	2 284.06	2 159.25	124.81	5.78
农用排灌动力机械动力	万千瓦	14 486.49	14 026.31	460.18	3.28
农用水泵	万台	2 173.79	2 108.78	65.01	3.08
节水灌溉类机械	万套	168.48	154.15	14.33	9.29
田间管理机械					
机动喷雾（粉）机	万台	518.08	461.44	56.64	12.27
茶叶修剪机	万台	20.37	15.04	5.33	35.47
收获机械					
联合收获机	万台	111.37	99.21	12.16	12.26
割晒机	万台	49.43	49.85	-0.42	-0.83
其他收获机械	万台	112.50	101.29	11.21	11.06
收获后处理机械					
机动脱粒机	万台	1 001.87	1 016.80	-14.93	-1.47
谷物烘干机	万台	4.21	3.76	0.45	11.84
种子加工机械	万台	3.05	2.61	0.44	16.72
保鲜储藏设备	万台（套）	5.23	4.04	1.19	29.46
设施农业设备					
水稻工厂化育秧设备	万套	0.79	0.55	0.24	43.64
温室	万平方米	1 266 255.91	1 133 995.59	132 260.32	11.66
农产品初加工机械					
农产品初加工动力机械	万台	1 421.70	1 364.28	57.42	4.21
	万千瓦	8 692.17	8 463.48	228.69	2.70
农产品初加工作业机械	万台	1 286.64	1 231.17	55.47	4.51
畜牧养殖机械	**万台（套）**	**637.70**	**607.81**	**29.89**	**4.92**
渔业机械	**万台**	**301.56**	**247.56**	**54.00**	**21.81**
林果业机械	**万台**	**21.15**	**17.36**	**3.79**	**21.81**
运输机械					
农用运输车	万台	1 381.54	1 361.40	20.14	1.48
三轮汽车	万台	1 087.62	1 087.09	0.53	0.05
手扶变型运输机	万台	86.86	83.37	3.49	4.18
农用挂车	万台	795.52	810.09	-14.57	-1.80

全国主要农业机械情况（三）

项　目	单　位	2011 年	2010 年	2011 年比 2010 年增减	
				绝对量	%
农田基本建设机械	**万台**	**42.86**	**39.64**	**3.22**	**8.11**
其他机械					
农用飞机	架	111	92	19	20.65
农业机械原值和净值					
农业机械原值	亿元	7 114.64	6 448.81	665.83	10.32
农业机械净值	亿元	5 198.65	4 718.16	480.49	10.18

全国主要农田机械化作业情况

项　目	单　位	2011 年	2010 年	2011 年比 2010 年增减	
				绝对量	%
农机化作业总体情况					
耕种收综合机械化水平	%	54.82	52.28	2.54	
机耕面积	千公顷	106 880.87	100 603.91	6 276.96	6.24
机耕水平	%	72.29	69.61	2.68	
机播面积	千公顷	72 916.97	69 160.92	3 756.05	5.43
机播水平	%	44.93	43.04	1.89	
机收面积	千公顷	66 006.41	59 846.69	6 159.72	10.29
机收水平	%	41.41	38.41	3.00	
机械植保面积	千公顷	59 713.43	57 364.21	2 349.22	4.10
主要农作物农机化作业面积					
小麦机耕	千公顷	21 799.21	21 973.70	－174.49	－0.79
小麦机播	千公顷	20 860.72	20 696.00	164.72	0.80
小麦机收	千公顷	22 098.31	21 456.04	642.27	2.99
水稻机耕	千公顷	27 171.95	25 880.87	1 291.08	4.99
水稻机种	千公顷	7 887.99	6 230.72	1 657.27	26.60
水稻机收	千公顷	20 834.82	19 266.76	1 568.06	8.14
玉米机耕	千公顷	21 826.59	20 121.01	1 705.58	8.48
玉米机播	千公顷	26 800.53	24 855.83	1 944.70	7.82
玉米机收	千公顷	11 267.62	8 379.53	2 888.09	34.47

各地区农业机械总动力

单位：万千瓦

地　区	农业机械总动力	柴油发动机动力	汽油发动机动力	电动机动力	其他机械动力
全国总计	**97 734.66**	**78 536.31**	**2 872.37**	**16 259.41**	**66.57**
北　京	265.20	168.26	24.11	72.82	
天　津	583.87	382.13	63.43	138.31	
河　北	10 349.19	8 165.55	121.91	2 061.54	0.19
山　西	2 927.30	2 469.22	88.82	369.26	
内蒙古	3 172.70	2 851.25	16.33	301.35	3.77
辽　宁	2 399.89	1 892.16	80.86	423.88	2.99
吉　林	2 355.04	2 131.94	10.36	212.74	
黑龙江	4 097.84	3 837.25	86.46	173.64	0.49
上　海	105.68	58.42	8.76	38.50	
江　苏	4 106.11	3 064.45	155.27	886.39	
浙　江	2 461.25	1 701.08	118.41	641.76	
安　徽	5 657.08	4 878.95	116.11	662.02	
福　建	1 250.81	918.94	73.41	258.46	
江　西	4 200.03	3 254.07	203.47	742.49	
山　东	12 098.25	10 322.31	179.56	1 596.37	0.01
河　南	10 515.79	9 310.60	58.63	1 146.56	
湖　北	3 571.23	2 581.44	79.03	910.76	
湖　南	4 935.59	3 750.51	293.59	865.08	26.40
广　东	2 414.82	1 675.21	179.14	556.67	3.80
广　西	3 033.15	2 477.70	83.56	468.94	2.95
海　南	444.33	372.94	25.37	43.30	2.72
重　庆	1 140.30	620.00	157.00	363.00	0.30
四　川	3 426.10	2 269.30	204.74	949.53	2.53
贵　州	1 851.40	1 308.11	60.50	473.46	9.33
云　南	2 628.39	1 849.36	113.16	664.99	0.88
西　藏	427.90	281.56	128.58	14.82	2.94
陕　西	2 182.85	1 658.66	62.10	461.97	0.12
甘　肃	2 136.48	1 725.75	27.03	383.20	0.50
青　海	430.69	371.35	24.02	33.00	2.31
宁　夏	768.73	648.39	7.05	112.75	0.54
新　疆	1 796.69	1 539.44	21.60	231.85	3.80

各地区农业机械年末拥有量（一）

地　区	农业机械总动力（万千瓦）	拖拉机及配套机械					
		大中型拖拉机		小型拖拉机		大中型拖拉机配套农具	小型拖拉机配套农具
		（万台）	（万千瓦）	（万台）	（万千瓦）	（万部）	（万部）
全国总计	**97 734.66**	**440.65**	**12 850.15**	**1 815.22**	**17 455.63**	**698.95**	**3 062.01**
北　京	265.20	0.89	36.74	1.17	12.95	1.46	0.84
天　津	583.87	1.43	58.47	2.78	29.10	2.06	3.82
河　北	10 349.19	19.34	807.34	149.55	1 620.46	37.96	199.38
山　西	2 927.30	8.89	308.95	31.61	298.28	18.47	43.35
内蒙古	3 172.70	54.77	1 179.32	47.91	580.11	87.00	89.85
辽　宁	2 399.89	17.42	463.08	28.26	287.52	22.37	44.51
吉　林	2 355.04	35.07	819.90	63.77	613.71	68.09	182.83
黑龙江	4 097.84	73.21	1 897.11	68.83	745.73	94.66	122.94
上　海	105.68	0.61	25.43	0.52	4.85	1.58	0.45
江　苏	4 106.11	10.68	434.04	123.41	1 126.48	19.17	173.59
浙　江	2 461.25	0.96	37.29	16.81	150.53	1.38	18.56
安　徽	5 657.08	14.53	566.19	238.06	1 902.27	27.70	537.47
福　建	1 250.81	0.29	12.14	11.18	111.00	0.31	12.34
江　西	4 200.03	1.80	58.53	49.88	521.65	2.35	33.12
山　东	12 098.25	45.43	1 580.36	201.79	1 666.54	94.51	316.97
河　南	10 515.79	31.07	1 129.08	355.76	3 721.70	73.20	673.46
湖　北	3 571.23	13.08	439.00	106.48	745.72	24.01	211.97
湖　南	4 935.59	8.90	257.82	21.50	225.88	3.25	10.52
广　东	2 414.82	1.96	79.33	34.59	292.00	2.75	38.40
广　西	3 033.15	2.69	115.88	39.72	355.37	3.91	52.42
海　南	444.33	3.46	82.09	4.96	48.80	1.36	4.23
重　庆	1 140.30	0.36	11.46	0.77	9.20	0.29	0.26
四　川	3 426.10	10.75	246.51	12.47	147.99	3.90	12.29
贵　州	1 851.40	3.12	72.93	6.64	80.60	1.38	2.61
云　南	2 628.39	24.33	543.39	35.52	368.71	3.86	30.51
西　藏	427.90	3.65	77.87	13.37	160.39	2.10	7.92
陕　西	2 182.85	8.91	298.76	17.97	200.84	14.97	26.58
甘　肃	2 136.48	9.29	237.64	49.07	531.22	26.24	99.70
青　海	430.69	0.91	23.86	27.59	265.32	0.58	24.37
宁　夏	768.73	3.21	85.21	18.40	196.10	6.14	23.35
新　疆	1 796.69	29.66	864.42	34.90	434.62	51.94	63.40

各地区农业机械年末拥有量（二）

地 区	种植业机械						
	耕整机（万台/套）	机耕船（万艘）	机引犁（万台）	旋耕机（万台）	深松机（万台）	机引耙（万台）	播种机（万台）
全国总计	**528.90**	**15.47**	**1 304.43**	**502.26**	**18.53**	**755.09**	**553.79**
北 京	1.59		0.34	0.54	0.04	0.14	0.89
天 津	1.43		0.73	2.20	0.06	0.16	1.85
河 北	1.77		62.55	24.85	1.70	8.49	52.35
山 西	1.83		21.27	10.15	0.80	4.84	11.31
内蒙古	1.39		56.95	5.43	1.37	12.85	54.13
辽 宁	4.37		8.91	6.94	0.43	2.85	17.68
吉 林	0.53		60.65	18.39	3.09	23.05	42.42
黑龙江	4.24		41.23	16.96	2.85	12.01	55.57
上 海			0.51	0.68		0.32	0.06
江 苏	0.82		25.35	90.94	0.10	3.18	24.61
浙 江	2.75	0.47	2.98	12.52	0.01	2.17	0.04
安 徽	4.27	…	211.77	59.05	0.76	172.37	40.99
福 建	7.46	0.03	1.34	9.38		0.54	
江 西	37.17	0.64	9.25	30.61	0.03	8.62	0.02
山 东	8.76	0.08	145.09	32.68	1.54	77.76	66.28
河 南	0.85		319.57	20.23	0.72	215.63	126.54
湖 北	29.97	2.47	91.99	53.14	0.08	67.08	4.08
湖 南	144.78	11.36	86.31	11.41	0.19	72.47	0.06
广 东	17.69	0.26	7.71	15.61	0.03	6.26	…
广 西	69.87	0.03	18.13	14.34	0.27	16.45	
海 南	7.47	0.06	2.10	1.36	0.07	1.44	
重 庆	36.23		0.04	0.45	…	0.03	0.05
四 川	63.98	0.03	7.24	14.37	0.02	2.30	2.00
贵 州	25.65	0.03	2.17	3.00	0.01	1.65	0.02
云 南	30.32	0.01	13.65	14.51	0.86	8.49	0.09
西 藏	0.49		4.12	0.19	…	1.21	2.11
陕 西	7.45		13.56	11.50	0.12	0.38	11.26
甘 肃	12.32		36.00	9.00	3.02	19.00	12.50
青 海	0.62		12.93	6.83	0.03	1.49	4.71
宁 夏	1.50		16.20	1.62	0.06	3.81	8.45
新 疆	1.33		23.80	3.38	0.28	8.04	13.72

各地区农业机械年末拥有量（三）

地区	种植业机械						
	水稻直播机（万台）	水稻插秧机（万台）	水稻浅栽机（万台）	化肥深施机（万台）	地膜覆盖机（万台）	农用排灌动力机械（万台）	农用水泵（万台）
全国总计	**2.99**	**42.70**	**0.91**	**74.02**	**44.82**	**2 284.06**	**2 173.79**
北　京				0.03	0.02	4.27	3.85
天　津		0.05		0.01	0.35	10.81	8.97
河　北		0.08		6.14	4.11	258.95	172.22
山　西				2.15	2.61	16.35	14.69
内蒙古		0.37		2.72	4.55	37.20	37.64
辽　宁	0.01	2.16	0.07	0.98	0.43	107.51	129.71
吉　林		1.97	0.01	22.10	0.65	46.83	47.80
黑龙江	0.27	18.63		1.10	0.78	36.50	45.02
上　海	0.11	0.13				1.34	1.33
江　苏	0.53	8.09		0.30	0.03	58.94	63.49
浙　江	0.02	0.76	0.01	0.61	0.01	100.56	93.71
安　徽	0.19	1.41	…	9.38	0.78	156.47	174.20
福　建		0.47			0.04	15.86	15.84
江　西	0.04	1.17	0.19	0.64		122.01	79.74
山　东		0.08		2.67	11.89	352.86	295.16
河　南		0.21		10.50	1.45	163.63	223.79
湖　北	1.21	2.45		2.28	0.27	88.41	89.48
湖　南	0.05	0.60	…	2.05	0.19	227.16	220.86
广　东	…	0.58		0.26	…	79.34	74.99
广　西		1.39	0.02	0.12	0.11	85.89	84.00
海　南		0.08				20.93	17.94
重　庆		1.09	0.01		0.01	92.40	95.40
四　川		0.38	0.60	0.53	0.01	64.29	64.13
贵　州		0.18		0.01	0.04	40.59	40.59
云　南		0.04	…	0.02	0.02	30.74	25.62
西　藏					0.01	0.42	0.44
陕　西	0.01	0.01		0.79	1.34	36.53	31.36
甘　肃				2.60	5.00	15.80	10.66
青　海				1.14	0.18	0.39	0.56
宁　夏	0.54	0.16		0.56	0.70	3.10	3.69
新　疆	0.01	0.16		4.33	9.24	7.97	6.91

各地区农业机械年末拥有量（四）

地 区	种植业机械						
	节水灌溉类机械（万套）	机动喷雾（粉）机（万台）	茶叶修剪机（万台）	联合收获机（万台）	割晒机（万台）	其他收获机械（万台）	机动脱粒机（万台）
全国总计	**168.48**	**518.08**	**20.37**	**111.37**	**49.43**	**112.50**	**1 001.87**
北 京	1.11	2.02		0.22		0.26	0.44
天 津	0.27	0.95		0.47	0.04	0.42	2.07
河 北	4.50	49.10		8.59	3.46	12.24	20.71
山 西	1.00	3.91		1.75	0.97	3.00	7.08
内 蒙 古	6.08	5.38		1.10	3.23	11.13	10.12
辽 宁	11.60	9.46		0.79	0.40	2.92	13.36
吉 林	3.04	1.16		2.19	0.44	1.18	16.56
黑 龙 江	3.33	10.00		5.64	1.62	8.86	16.49
上 海	0.73	2.25		0.24		0.03	0.63
江 苏	3.83	61.92	0.54	10.35	0.36	10.80	20.92
浙 江	2.70	21.18	3.29	1.84	0.01	1.10	102.64
安 徽	19.72	36.86	3.50	11.80	9.79	2.60	36.92
福 建	1.34	28.42	5.01	0.53	0.03	2.38	10.08
江 西	10.28	18.56	0.31	5.02	0.07	0.61	84.34
山 东	49.45	47.43	0.22	20.10	6.77	15.84	39.75
河 南	17.98	26.36	0.81	15.78	7.76	17.46	54.23
湖 北	2.88	48.73	3.10	5.54	1.73	3.37	0.00
湖 南	0.66	32.29	0.33	7.65	0.15	0.98	132.77
广 东	11.88	21.84	0.27	1.90	0.11	0.98	56.59
广 西	3.67	10.63	0.24	1.96	5.01	0.92	84.97
海 南	0.34	6.48	0.02	0.37	0.41	0.00	3.32
重 庆	0.11	5.82	0.25	0.37	0.39	0.48	61.60
四 川	2.08	26.00	1.50	1.41	0.71	1.22	115.85
贵 州	0.92	3.40	0.16	0.07	0.15	1.20	19.47
云 南	1.01	8.06	0.51	0.43	0.18	0.04	31.85
西 藏		0.11		0.52	1.04	0.43	4.67
陕 西	1.78	17.26	0.23	2.94	0.31	3.05	30.23
甘 肃	1.00	4.01	0.08	0.41	1.78	2.39	14.33
青 海	0.20	0.24		0.12	0.20	0.24	2.36
宁 夏	0.53	0.35		0.59	0.15	0.61	1.93
新 疆	4.46	7.91		0.68	2.14	5.75	5.58

各地区农业机械年末拥有量（五）

地　区	种植业机械				四、农产品初加工机械		
	谷物烘干机	种子加工机械	保鲜储藏设备	温室	初加工动力机械		初加工作业机械
	（万台）	（万台）	（万台/套）	（万平方米）	（万台）	（万千瓦）	（万台）
全国总计	**4.21**	**3.05**	**5.23**	**1 266 255.91**	**1 421.70**	**8 692.17**	**1 286.64**
北　京	0.01	…	0.03	19 038.21	0.70	6.53	0.70
天　津			0.01	28 217.44	2.38	8.80	0.71
河　北	0.01	0.12	0.08	190 747.98	99.28	890.40	48.84
山　西	0.02	0.02	0.06	40 538.32	22.89	185.68	17.52
内蒙古	0.03	0.60	0.01	42 620.02	10.34	91.30	6.93
辽　宁	0.05		0.33	198 658.34	20.83	129.85	15.11
吉　林	0.09	0.20		15 340.63	15.26	143.96	12.97
黑龙江	0.11	0.76		19 083.31	13.27	140.25	6.04
上　海	0.03		0.06	5 824.31	0.39	3.42	0.36
江　苏	0.24	0.06	0.66	115 303.87	25.18	241.30	23.06
浙　江	0.21	0.01	0.43	40 816.90	20.32	138.03	52.78
安　徽	0.22	0.03	0.22	12 308.40	47.20	338.21	49.97
福　建	0.02	0.01	0.69	4 070.66	61.63	208.34	62.13
江　西	0.08	0.02	0.07	6 535.08	62.09	635.13	45.75
山　东	0.05	0.18	0.26	258 211.60	101.69	892.88	49.12
河　南	0.06	0.08	0.39	48 537.07	81.63	582.91	52.14
湖　北	0.16	0.08	0.27	22 323.72	88.34	446.97	99.52
湖　南	0.12	…	0.02	4 241.47	129.46	692.66	125.87
广　东	0.02	…	0.60	7 965.02	28.22	232.02	23.93
广　西	0.07		0.04	299.75	86.96	452.85	79.98
海　南				24 353.86	2.43	27.35	2.40
重　庆	0.25	0.04	0.18	3 200.00	94.87	325.93	104.64
四　川	0.02		0.03	25 282.76	139.30	589.16	169.26
贵　州	0.56	…	0.00	221.50	110.84	473.17	112.17
云　南	…	0.02	0.12	21 846.27	79.99	402.08	78.19
西　藏		…		763.80	1.27	5.09	1.27
陕　西	0.12	0.02	0.39	26 895.59	38.94	190.65	23.41
甘　肃	0.15	0.61	0.12	29 809.53	27.00	121.31	14.32
青　海	1.10	0.02		1 391.67	1.40	14.06	2.66
宁　夏	0.16	0.02	0.01	14 868.19	2.47	25.66	1.99
新　疆	0.23	0.13	0.15	36 940.65	5.11	56.22	2.90

各地区农业机械年末拥有量（六）

地　　区	畜牧养殖机械		渔业机械		林果业机械	
	（万台/套）	（万千瓦）	（万台）	（万千瓦）	（万台）	（万千瓦）
全国总计	**637.70**	**1 959.60**	**301.56**	**1 663.69**	**21.15**	**100.33**
北　　京	1.01	6.15	1.35	4.15	0.46	1.47
天　　津	0.64	5.46	5.29	11.10	0.02	0.53
河　　北	12.09	74.71	4.35	57.74	0.20	2.77
山　　西	7.68	34.13	0.10	0.30	0.28	1.13
内 蒙 古	23.04	133.34	0.15	0.87	0.22	1.68
辽　　宁	18.67	74.34	6.18	17.07	0.65	2.89
吉　　林	11.57	79.91	0.57	1.60	0.04	0.63
黑 龙 江	21.13	42.24	0.38	1.27	0.21	2.53
上　　海	0.20	2.25	2.44	24.42	0.08	0.14
江　　苏	10.94	69.33	53.01	129.66	0.67	4.90
浙　　江	5.71	23.46	20.69	449.53	2.07	5.87
安　　徽	7.24	39.21	5.33	23.96	2.24	5.10
福　　建	3.43	25.80	14.73	229.46	1.45	8.28
江　　西	7.47	60.85	8.25	35.90	1.32	14.54
山　　东	18.34	102.10	11.99	235.21	0.92	6.30
河　　南	22.22	70.60	2.99	10.29	0.24	1.97
湖　　北	37.62	81.48	30.64	59.42	1.32	5.28
湖　　南	24.67	98.64	11.32	40.28	0.95	6.17
广　　东	10.52	73.73	87.38	255.62	1.39	9.77
广　　西	34.74	69.51	6.17	9.35	0.41	1.22
海　　南	0.62	6.00	6.45	18.78	0.05	1.47
重　　庆	49.48	65.99	5.54	11.65	0.61	1.80
四　　川	60.03	125.83	12.92	22.15	0.39	1.72
贵　　州	37.93	118.35	0.07	0.18	0.40	3.10
云　　南	134.85	196.11	1.26	6.78	0.09	0.82
西　　藏	1.11	1.88				
陕　　西	31.86	114.74	0.81	2.89	0.61	3.23
甘　　肃	18.70	83.01	0.08	0.68	0.01	0.02
青　　海	1.78	7.60		0.00		
宁　　夏	14.00	58.10	0.58	1.09	2.08	4.01
新　　疆	8.41	14.76	0.54	2.29	1.77	0.99

各地区农业机械年末拥有量（七）

地　区	运输机械			农田基本建设机械	其他机械	农业机械原值和净值	
	农用运输车	手扶变型运输机	农用挂车		农用飞机	原值	净值
	（万台）	（万台）	（万台）	（万台）	（架）	（亿元）	（亿元）
全国总计	**1 381.54**	**86.86**	**795.52**	**42.86**	**111**	**7 114.64**	**5 198.65**
北　京	5.89	0.07	0.74	0.09		29.21	18.77
天　津	13.11		0.29	0.39	3	36.12	26.03
河　北	268.51	0.12	86.74	3.38	2	540.30	382.29
山　西	97.95		7.38	1.71		193.93	142.02
内蒙古	40.38		52.56	0.69		290.57	211.54
辽　宁	49.19	0.54	19.99	1.22	11	183.15	137.12
吉　林	15.47	0.29	39.03	0.23		209.54	153.05
黑龙江	16.21	0.02	33.02	0.45	44	497.76	393.85
上　海			0.01			0.00	0.00
江　苏	24.37	5.47	17.65	7.14	4	353.01	252.95
浙　江	8.76	6.45	0.61	2.46		247.79	168.71
安　徽	66.46	16.65	99.19	1.27		449.45	311.87
福　建	4.43	8.35	2.36	0.92		110.17	71.09
江　西	22.54	12.85	0.54	3.64		330.32	225.71
山　东	289.88	0.99	122.57	4.13	8	702.31	550.49
河　南	219.62	0.12	115.62	1.80		697.85	521.97
湖　北	22.20		81.08	2.55	9	291.32	219.14
湖　南	21.88	4.23	0.99	1.59	1	285.26	209.00
广　东	9.97	2.72	10.13	1.75		175.44	114.78
广　西	4.75	19.48	0.49	0.84		220.98	154.14
海　南	2.54	0.10	0.47	0.10		43.95	32.30
重　庆	3.76	3.09	0.06	0.38		86.36	71.13
四　川	11.78	3.23	6.78	1.19		234.95	164.61
贵　州	12.40	1.31	3.74	0.61		92.67	65.80
云　南	10.15	0.21	3.56	0.45		158.60	118.32
西　藏	1.88		9.11	0.01		43.48	26.09
陕　西	51.65	0.01	3.68	1.43		175.06	123.61
甘　肃	60.57	0.53	11.00	0.38		141.55	99.14
青　海	2.86		19.21	0.08		32.62	23.28
宁　夏	18.07	0.04	7.07	0.38		65.66	42.13
新　疆	4.32		39.85	1.60	29	195.25	167.72

九、农村能源

各地区农村能源管理推广机构情况

地区	机构（个）					人员（人）					
		省级	地（市）级	县级	乡级		省级	地（市）级	县级	乡级	#大专及以上人员
全国总计	**13 057**	**41**	**340**	**2 731**	**9 945**	**40 695**	**554**	**2 027**	**16 146**	**21 968**	**26 891**
北京	48	2		15	31	253	9		157	87	136
天津	9	1		8	53	2		51		38	
河北	471	2	13	171	285	1 451	24	106	777	544	962
山西	556	1	11	110	434	1 442	31	79	636	696	992
内蒙古	415	1	13	83	318	2 178	43	151	833	1 151	1 174
辽宁	852	1	14	88	749	1 556	20	50	341	1 145	914
吉林	67	2	10	55		565	8	59	493	5	407
黑龙江	508	2	22	234	250	1 229	31	60	555	583	922
上海	1	1			5	5			5		
江苏	98	1	13	84		749	8	42	437	262	463
浙江	108	1	11	69	27	449	24	69	281	75	368
安徽	234	2	16	104	112	725	30	58	470	167	579
福建	329	1	7	71	250	639	15	21	281	322	490
江西	1 047	1	11	100	935	1 734	7	37	458	1 232	936
山东	835	1	19	154	661	2 379	6	79	790	1 504	1 898
河南	876	1	18	145	712	3 397	34	196	1 149	2 018	2 055
湖北	459	1	17	94	347	1 997	25	156	747	1 069	1 198
湖南	180	1	16	124	39	1 016	14	90	867	45	771
广东	667	1	20	90	556	1 596	15	57	331	1 193	890
广西	774	1	14	107	652	2 087	32	72	720	1 263	1 276
海南	89	1	2	19	67	480	12	10	161	297	262
重庆	348	1		35	312	893	9		257	627	604
四川	1 061	1	21	170	869	2 783	33	131	1 027	1 592	1 896
贵州	984	2	9	88	885	2 694	14	45	561	2 074	2 087
云南	961	2	18	139	802	2 793	17	103	827	1 846	1 575
西藏	67	1	7	59		357	5	21	90	241	300
陕西	369	2	9	104	254	2 196	4	89	1 235	868	1 227
甘肃	376	1	13	85	277	1 780	27	157	990	606	1 419
青海	24	1		23		204	7		197		188
宁夏	50	1	3	23	23	291	25	4	166	96	256
新疆	194	3	13	80	98	724	18	85	261	360	603

各地区农村能源经费投入情况（一）

单位：万元

地区	政府合计		中央投入	省级投入		地级投入	
	拨款	贷款		拨款	贷款	拨款	贷款
全国总计	**795 929**	**703**	**490 360**	**179 577**		**42 468**	**22**
北京	24 058			22 374			
天津	3 852		2 043	1 677			
河北	26 673		19 790	1 500		1 229	
山西	11 517		4 285	5 787		1 127	
内蒙古	15 334		13 175	2 000		159	
辽宁	13 514		7 634	986		3 750	
吉林	7 024		5 318	1 561		0	
黑龙江	5 999		3 471			210	
上海	3 596		600	2 159		360	
江苏	43 980		7 971	30 975		1 713	
浙江	22 321		4 794	1 653		2 735	
安徽	27 215	215	18 249	5 241		746	
福建	8 166		5 314	1 865		572	
江西	22 874		15 755	6 017		240	
山东	38 935		13 714	10 718		6 555	
河南	40 327	22	27 142	3 001		5 084	22
湖北	58 885	396	38 554	18 000		1 084	
湖南	39 843		32 494	1 664		1 058	
广东	9 142		2 294	6 260		374	
广西	36 539		26 256	6 572		883	
海南	7 469		5 541	1 329			
重庆	41 610		28 788	7 381			
四川	68 325		53 009	4 920		5 307	
贵州	50 101		35 355	9 349		4 574	
云南	29 230		9 861	16 081		1 745	
西藏	9 124		9 124				
陕西	33 545		25 891	4 458		1 409	
甘肃	27 503		23 128	3 500		66	
青海	5 335		5 065	270			
宁夏	16 977	69	15 164	2		255	
新疆	46 915		30 580	2 278		1 232	

各地区农村能源经费投入情况（二）

单位：万元

地　区	县级投入		乡级投入		用户自筹		其他投入
	拨款	贷款	拨款	贷款	资金	投劳折资	
全国总计	**71 569**	**611**	**11 955**	**69**	**835 710**	**115 433**	**4 531**
北　京	675		1 009		1 592	160	
天　津	132				4 399		
河　北	2 839		1 315		72 645	1 866	
山　西	319				5 794	20	
内 蒙 古	0				28 412	11 416	
辽　宁	1 112		32		12 796	1 241	
吉　林	145				356	595	
黑 龙 江	1 330		988		7 833	2 172	
上　海	476				1 677		
江　苏	3 297		25		31 682	1 391	595
浙　江	11 426		1 713		26 602	1 215	57
安　徽	2 979	215			21 858	2 055	150
福　建	284		132		1 827	183	
江　西	749		114		33 271	6 754	
山　东	7 330		618		78 660	5 494	93
河　南	4 368		732		64 652	2 993	
湖　北	1 205	396	42		72 797	12 353	1 613
湖　南	4 032		595		44 478	9 223	80
广　东	214				7 829	55	
广　西	765		2 062		20 030	3 387	15
海　南	599				4 946		
重　庆	5 209		232		30 264	8 008	
四　川	5 057		32		113 032	12 456	1 277
贵　州	797		26		10 787	10 940	366
云　南	1 467		75		20 114	3 501	285
西　藏							
陕　西	1 685		102		30 591	5 588	
甘　肃	808				42 958	3 484	
青　海						2 635	
宁　夏	234		1 322	69	5 998	2 015	
新　疆	12 034		791		37 830	4 232	

各地区户用沼气池情况

地　　区	年初数（万户）	本年新增（户）	本年报废（户）	年末累计（万户）	本年利用（万户）	年总产气量（万立方米）	年户均产气量（立方米）
全国总计	**3 850.8**	**2 417 515**	**950 963**	**3 997.5**	**3 583.4**	**1 384 410**	**386**
北　　京	0.9		323	0.9	0.9	232	260
天　　津	4.1	3 940	255	4.5	4.3	1 373	319
河　　北	301.3	112 632	61 806	306.4	266.8	93 502	351
山　　西	70.5	9 500	2 334	71.2	53.6	17 064	318
内 蒙 古	52.0	43 711	16 027	54.7	45.7	11 510	252
辽　　宁	58.5	45 113	38 639	59.1	34.2	9 998	293
吉　　林	13.3	13 791	3 293	14.3	11.3	3 315	294
黑 龙 江	29.5	3 709	2 465	29.6	20.4	4 954	480
上　　海							
江　　苏	65.2	51 300	12 676	69.0	65.0	20 698	318
浙　　江	14.4	11 688	6 686	14.9	14.6	6 687	458
安　　徽	72.7	81 166	17 848	79.1	65.0	22 754	350
福　　建	46.0	27 565	12 547	47.5	45.9	22 931	500
江　　西	160.7	85 101	29 385	166.3	137.8	54 256	394
山　　东	222.8	197 137	70 479	235.5	204.6	74 720	365
河　　南	365.1	212 820	251 967	361.2	339.1	112 424	332
湖　　北	288.9	164 840	97 905	295.6	267.0	97 395	365
湖　　南	217.2	139 951	40 566	227.2	200.8	86 029	428
广　　东	41.2	21 383	4 825	42.9	42.9	18 666	435
广　　西	356.5	120 085	36 369	364.9	351.1	174 140	496
海　　南	33.8	10 000	2 500	34.5	34.5	24 867	720
重　　庆	133.0	155 062	31 222	145.4	124.6	44 199	355
四　　川	524.1	279 185	56 359	546.4	544.7	191 982	352
贵　　州	183.2	116 001	18 399	193.0	159.5	69 827	438
云　　南	267.4	156 544	20 894	281.0	269.3	128 301	476
西　　藏	19.2	26 000	33 106	18.5	15.6	4 680	300
陕　　西	115.4	112 820	26 863	124.0	89.1	31 183	350
甘　　肃	100.0	123 003	6 487	111.7	100.6	34 231	340
青　　海	16.6	1 370	6 278	16.1	9.7	3 350	346
宁　　夏	24.6	10 906	7 805	24.9	17.5	5 686	325
新　　疆	52.6	81 192	34 655	57.2	47.4	13 455	593

各地区沼气工程情况（一）

地区	合计（处）				处理工业废弃物工程			
						年末累计		
	年初数	本年新增	本年报废	年末累计	年初数（处）	数量（处）	总池容（万立方米）	年产气量（万立方米）
全国总计	**73 032**	**11 461**	**3 452**	**81 041**	**337**	**338**	**87.21**	**27 634.86**
北京	142	3	1	144				
天津	226	77		303	1	1	1.50	1 095.00
河北	1 797	836	16	2 617	9	9	3.07	671.14
山西	294	41	4	331				
内蒙古	220	53	7	266				
辽宁	997	315	244	1 068				
吉林	18	41		59				
黑龙江	774	349	2	1 121				
上海	10	62		72				
江苏	2 355	662	23	2 994	92	96	9.49	686.10
浙江	16 111	1 055	306	16 860				
安徽	1 152	441	198	1 395	14	14	10.57	1 923.77
福建	5 424	158	557	5 025				
江西	4 337	901	102	5 136	13	13	0.28	59.95
山东	3 240	748	80	3 908	59	51	11.64	2 891.94
河南	4 683	687	290	5 080	24	24	34.88	16 527.05
湖北	2 003	383		2 386	6	7	1.55	526.54
湖南	13 697	1 540	209	15 028	3	3	0.17	11.82
广东	3 192	616	805	3 003				
广西	2 731	208	148	2 791	14	14	4.47	33.74
海南	1 109	418	95	1 432	41	41	3.67	1 086.23
重庆	1 982	156	47	2 091				
四川	3 804	648	103	4 349	50	47	4.41	1 655.45
贵州	1 091	174		1 265				
云南	76	80	15	141	7	14	0.94	252.66
西藏								
陕西	891	681	9	1 563				
甘肃	195	6		201	1	1	0.40	175.20
青海	101	14		115				
宁夏	223	29	187	65	3	3	0.19	38.27
新疆	157	79	4	232				

各地区沼气工程情况（二）

地　区	处理农业废弃物工程											
		年末累计			特大型沼气工程				大型沼气工程			
						年末累计				年末累计		
	年初数（处）	数量（处）	总池容（万立方米）	年产气量（万立方米）	年初数（处）	数量（处）	总池容（万立方米）	年产气量（万立方米）	年初数（处）	数量（处）	总池容（万立方米）	年产气量（万立方米）
全国总计	**72 695**	**80 703**	**1 106**	**143 649.59**	**7**	**7**	**10**	**3 079.45**	**3 993**	**4 651**	**383**	**74 271.58**
北　京	142	144	7	1 953.38	1	1	1	459.90	49	50	3	817.10
天　津	225	302	3	762.69					11	13	1	298.83
河　北	1 788	2 608	32	5 818.99	1	1	1	528.75	83	140	11	3 489.26
山　西	294	331	7	1 978.89					81	102	6	1 582.77
内蒙古	220	266	14	2 228.70	2	2	3	725.00	44	61	6	1 107.41
辽　宁	997	1 068	30	3 770.51					176	36	4	1 265.54
吉　林	18	59	2	545.65						41	2	511.00
黑龙江	774	1 121	20	3 722.94					72	116	13	3 050.25
上　海	10	72	5	737.81					4	23	2	549.29
江　苏	2 263	2 898	47	8 000.22					196	214	14	3 348.08
浙　江	16 111	16 860	153	11 047.49					70	102	10	916.91
安　徽	1 138	1 381	18	2 063.23					76	121	9	1 567.94
福　建	5 424	5 025	60	9 511.00					307	271	27	4 998.00
江　西	4 324	5 123	88	6 163.35					357	442	40	2 792.51
山　东	3 181	3 857	58	10 436.28	1	1	3	1 000.00	225	256	25	6 936.05
河　南	4 659	5 056	97	11 782.20					467	533	43	7 999.44
湖　北	1 997	2 379	24	4 322.94					110	143	9	2 586.56
湖　南	13 694	15 025	78	5 907.40					121	170	14	1 371.63
广　东	3 192	3 003	80	7 538.14					443	541	45	4 823.19
广　西	2 717	2 777	29	2 813.08					73	74	5	572.42
海　南	1 068	1 391	38	10 408.64					318	345	18	6 315.23
重　庆	1 982	2 091	50	2 421.44					141	139	12	1 048.84
四　川	3 754	4 302	93	22 504.03	2	2	1	365.80	361	416	34	12 286.90
贵　州	1 091	1 265	17	2 319.09					44	74	5	980.22
云　南	69	127	2	115.04					21	16	1	57.75
西　藏												
陕　西	891	1 563	36	1 135.03					49	95	13	500.50
甘　肃	194	200	6	1 406.99					51	56	5	1 135.09
青　海	101	115	3	387.30					8	22	1	286.86
宁　夏	220	62	3	565.75								
新　疆	157	232	5	1 281.41					35	39	4	1 076.03

各地区沼气工程情况（三）

地　区	处理农业废弃物工程							
	年初数（处）	中型沼气工程			小型沼气工程			
		数量（处）	总池容（万立方米）	年产气量（万立方米）	年初数（处）	年末累计		
						数量（处）	总池容（万立方米）	年产气量（万立方米）
全国总计	**8 544**	**9 016**	**318.48**	**33 531.40**	**60 151**	**67 027**	**394.07**	**32 767.16**
北　京	80	82	2.46	603.54	12	11	0.26	72.84
天　津	3	3	0.12	18.00	211	286	1.94	445.86
河　北	6	9	0.28	86.90	1 698	2 457	19.05	1 714.07
山　西	30	33	1.07	271.27	183	196	0.78	124.85
内蒙古	11	16	0.59	116.92	163	186	3.72	279.37
辽　宁	481	663	24.77	2 447.65	340	369	1.40	57.32
吉　林	5	5	0.15	30.00	13	13	0.05	4.65
黑龙江	1	3	0.24	0.09	701	1 002	7.00	672.60
上　海	6	41	2.18	168.73		8	0.41	19.79
江　苏	385	491	15.20	2 563.37	1 682	2 193	17.49	2 088.77
浙　江	1 001	929	34.66	1 850.68	15 040	15 829	108.05	8 279.90
安　徽	218	38	1.29	118.80	844	1 222	7.32	376.49
福　建	660	658	22.82	3 623.00	4 457	4 096	10.24	890.00
江　西	527	578	22.87	1 630.80	3 440	4 103	25.56	1 740.04
山　东	167	204	7.25	782.40	2 788	3 396	23.05	1 717.83
河　南	868	732	24.75	1 826.21	3 324	3 791	28.96	1 956.56
湖　北	38	45	1.46	281.44	1 849	2 191	13.95	1 454.94
湖　南	484	607	23.07	1 835.02	13 089	14 248	40.92	2 700.75
广　东	545	654	20.87	1 784.63	2 204	1 808	14.04	930.32
广　西	606	492	14.78	1 158.65	2 038	2 211	8.30	1 082.01
海　南	393	378	11.45	2 180.33	357	668	8.74	1 913.08
重　庆	590	597	26.82	684.28	1 251	1 355	11.37	688.32
四　川	1 128	1 277	43.40	7 933.55	2 263	2 607	14.98	1 917.78
贵　州	99	140	4.24	596.25	948	1 051	8.02	742.61
云　南	4	9	0.36	12.60	44	102	0.66	44.69
西　藏								
陕　西	161	255	7.68	275.44	681	1 213	14.70	359.09
甘　肃	8	9	0.36	51.96	135	135	0.88	219.93
青　海					93	93	1.40	100.44
宁　夏	33	62	3.10	565.75	187			
新　疆	6	6	0.22	33.15	116	187	0.84	172.23

各地区生活污水净化沼气池情况（一）

地　区	合　计						村级处理系统	
	年初数		本年新增		年末累计		年初数	
	池数（处）	总池容（万立方米）	池数（处）	总池容（万立方米）	池数（处）	总池容（万立方米）	池数（处）	总池容（万立方米）
全国总计	**191 613**	**894.15**	**15 352**	**65.02**	**198 347**	**930.08**	**57 053**	**178.77**
北　京								
天　津	8	0.06	8	0.06	8	0.06	8	0.06
河　北	177	1.14	1	0.01	177	1.14	13	0.25
山　西	31	0.07			31	0.07		
内蒙古	5	0.23			5	0.23		
辽　宁								
吉　林	2	0.03	1	0.02	3	0.05	2	0.03
黑龙江								
上　海								
江　苏	30 345	105.35	2 338	8.79	32 659	114.08	516	2.28
浙　江	64 644	207.52	10 773	27.38	69 610	216.76	49 473	127.96
安　徽	1 443	4.05	78	0.85	1 469	4.73	63	0.40
福　建	1 513	3.09	15	0.03	1 518	3.07	495	1.00
江　西	1 887	6.21	79	0.38	1 940	6.49	263	1.36
山　东	171	1.51			171	1.51	31	0.09
河　南	815	2.99	29	0.22	712	2.86	2	0.03
湖　北	1 197	6.48	84	0.84	1 278	7.30	46	0.39
湖　南	2 043	9.78	59	0.37	2 050	9.88	486	0.94
广　东	5 339	10.35			3 819	6.48	2 227	2.34
广　西	657	4.00	20	0.06	570	3.88	77	0.19
海　南								
重　庆	17 736	119.88	427	3.80	17 674	121.13	1 183	16.11
四　川	62 954	406.45	1 359	20.43	64 033	424.82	1 926	23.78
贵　州	251	1.55	57	0.47	307	2.01	85	0.45
云　南	197	2.07	1	1.14	138	2.30	117	0.96
西　藏								
陕　西	139	0.87	21	0.17	123	0.87	34	0.13
甘　肃	52	0.41	2	0.01	45	0.29	6	0.03
青　海								
宁　夏	7	0.06			7	0.06		
新　疆								

注：年末累计减年初数减本年新增为本年报废。

各地区生活污水净化沼气池情况（二）

地区	村级处理系统				学校			
	本年新增		年末累计		年初数		本年新增	
	池数（处）	总池容（万立方米）	池数（处）	总池容（万立方米）	池数（处）	总池容（万立方米）	池数（处）	总池容（万立方米）
全国总计	**11 627**	**37.15**	**68 505**	**214.75**	**6 927**	**50.96**	**642**	**4.79**
北京								
天津								
河北	1	0.01	14	0.26	128	0.63		
山西								
内蒙古					5	0.23		
辽宁								
吉林	1	0.02	3	0.05				
黑龙江								
上海								
江苏	480	2.25	996	4.53	928	4.18	327	0.84
浙江	10 742	26.76	60 131	154.17	409	4.39	7	0.26
安徽	13	0.45	73	0.77	250	1.30		
福建	15		505	1.02	106	0.69		
江西	23	0.12	284	1.46	391	1.93	53	0.25
山东			31	0.09	129	1.34		
河南	8	0.10	10	0.13	739	2.67	21	0.12
湖北	22	0.17	68	0.56	615	4.31	16	0.09
湖南	4	0.02	489	0.95	527	3.04	23	0.13
广东			2 227	2.34	6	0.10		
广西	20	0.06	88	0.20	375	3.48		
海南								
重庆		0.36	1 186	16.43	577	7.17	30	0.31
四川	250	5.66	2 158	29.21	1 410	12.92	120	2.17
贵州	36	0.25	120	0.70	166	1.09	21	0.22
云南		0.91	117	1.87	10		1	0.23
西藏								
陕西					105	0.74	21	0.17
甘肃			5	0.02	44	0.38	2	0.01
青海								
宁夏					7	0.06		
新疆								

各地区生活污水净化沼气池情况（三）

地区	学校		其他公共场所					
	年末累计		年初数		本年新增		年末累计	
	池数（处）	总池容（万立方米）	池数（处）	总池容（万立方米）	池数（处）	总池容（万立方米）	池数（处）	总池容（万立方米）
全国总计	**7 263**	**54.55**	**127633**	**664.42**	**3 083**	**23.08**	**122 579**	**660.77**
北京								
天津					8	0.06	8	0.06
河北	127	0.62	36	0.26			36	0.26
山西			31	0.07			31	0.07
内蒙古	5	0.23						
辽宁								
吉林								
黑龙江								
上海								
江苏	1 254	5.01	28901	98.90	1 531	5.70	30 409	104.54
浙江	408	4.52	14762	75.17	24	0.36	9 071	58.07
安徽	220	1.25	1130	2.35	65	0.40	1 176	2.71
福建	101	0.65	912	1.40			912	1.40
江西	435	2.15	1233	2.92	3	0.01	1 221	2.88
山东	129	1.34	11	0.09			11	0.09
河南	633	2.47	74	0.28			69	0.27
湖北	630	4.39	536	1.78	46	0.58	580	2.35
湖南	545	3.15	1030	5.81	32	0.22	1 016	5.78
广东	6	0.10	3106	7.91			1 586	4.04
广西	277	3.35	205	0.33			205	0.33
海南								
重庆	599	7.42	15976	96.60	385	3.13	15 889	97.28
四川	1 529	15.09	59618	369.75	989	12.61	60 346	380.53
贵州	187	1.32						
云南	10	0.31	70	0.81			11	0.13
西藏								
陕西	123	0.87						
甘肃	38	0.26	2				2	
青海								
宁夏	7	0.06						
新疆								

各地区省柴节煤灶及节能炕情况

地区	省柴节煤灶（万台）			节能炕（万铺）		
	年初数	本年新增	年末累计	年初数	本年新增	年末累计
全国总计	**13 406.75**	**184.12**	**12 883.70**	**2 003.99**	**33.87**	**1 954.92**
北京	11.06		9.54	42.89		41.40
天津	39.60	0.28	38.94			
河北	534.23	7.71	522.50	145.40	3.79	142.99
山西	42.31		41.86	31.03	3.48	33.21
内蒙古	177.31	0.38	167.77	43.25	0.07	42.05
辽宁	329.53	5.84	325.54	486.04	11.99	449.89
吉林	260.86	0.97	256.43	284.85	1.07	280.23
黑龙江	208.60	2.88	211.13	323.15	2.29	324.98
上海						
江苏	915.57	4.02	779.66			
浙江	584.48	3.38	539.34			
安徽	816.61	8.62	787.07			
福建	167.22		165.31			
江西	517.99	13.41	515.60			
山东	1 082.38	12.72	1 066.10	355.79	2.08	351.28
河南	1 285.80	11.55	1 174.40			
湖北	755.32	23.43	741.36			
湖南	791.14	20.06	761.81			
广东	729.71	1.04	662.78			
广西	741.99	7.86	738.95			
海南	88.02	0.23	88.15			
重庆	370.06	2.68	362.12			
四川	1 149.93	17.19	1 146.04			
贵州	366.93	9.49	353.56			
云南	598.86	14.91	598.16			
西藏	0.00		0.00			
陕西	209.86	8.60	209.75	71.25	3.32	71.84
甘肃	354.67	4.71	342.08	193.70	4.87	189.72
青海	81.50		81.50	3.18	0.45	3.63
宁夏	49.46	0.90	50.03	20.46	0.47	20.69
新疆	145.75	1.28	146.20	3.01		3.01

注：年末累计减年初数减本年新增为本年报废。

各地区节能炉及燃池情况

地区	节能炉（万台）			燃池（万个）		
	年初数	本年新增	年末累计	年初数	本年新增	年末累计
全国总计	**3 261.49**	**135.52**	**3 235.50**	**19.19**	**0.58**	**19.57**
北京	5.68	0.50	5.19			
天津	41.55	0.16	41.30			
河北	624.25	15.08	609.84	5.04	0.19	5.04
山西	69.05	0.30	66.15			
内蒙古	13.19	1.14	13.68	0.23	…	0.23
辽宁	0.25	0.40	0.65	1.86	0.11	1.96
吉林	107.70	0.98	103.32			
黑龙江	68.86	1.71	70.08	12.06	0.28	12.34
上海						
江苏	52.61	0.21	48.27			
浙江	6.50	0.17	5.84			
安徽	124.46	4.16	117.42			
福建						
江西	107.97	4.16	104.50			
山东	652.71	10.42	644.15			
河南	221.48	53.32	259.55			
湖北	133.21	9.70	137.92			
湖南	368.86	16.51	356.62			
广东	0.06		0.06			
广西	2.42	0.19	2.44			
海南						
重庆	75.28	1.88	70.20			
四川	249.02	3.38	244.10			
贵州	91.83	4.18	94.51			
云南	4.66		2.36			
西藏						
陕西	82.41	1.60	77.29			
甘肃	149.90	4.30	151.43			
青海	3.64	0.20	3.84			
宁夏	2.02	0.05	2.06			
新疆	1.93	0.83	2.76			

注：年末累计减年初数减本年新增为本年报废。

各地区太阳能利用情况（一）

地区	太阳热水器（万平方米）			太阳灶（台）		
	年初数	本年新增	年末累计	年初数	本年新增	年末累计
全国总计	**5 498**	**823**	**6 232**	**1 617 233**	**647 301**	**2 139 454**
北　京	66	2	66	1 768	10	1 297
天　津	33	1	34			
河　北	536	33	562	7 001	1 494	7 616
山　西	402		402	5 882	3 860	9 508
内蒙古	46	7	52	40 354	5 985	44 684
辽　宁	110	7	111	1 240	10	1 140
吉　林	39	5	44	987	491	1 404
黑龙江	59	5	64	505	6	511
上　海		69	69			
江　苏	589	87	668			
浙　江	457	55	507			
安　徽	422	55	464			
福　建	37	2	40			
江　西	102	30	131			
山　东	883	96	968	16 052	743	6 398
河　南	341	60	399	205		5
湖　北	228	33	259			
湖　南	124	20	143			
广　东	15	7	22	22		22
广　西	46	11	51			
海　南	390		390			
重　庆	11	8	17			
四　川	69	30	98	131 528		121 728
贵　州	38	4	42			
云　南	192	20	210	264		264
西　藏		143	128	13 165	398 600	371 615
陕　西	120	17	134	85 574	95 775	180 509
甘　肃	67	10	76	750 635	32 357	749 820
青　海	3		3	230 222	15 000	241 318
宁　夏	26	3	28	326 451	88 425	391 923
新　疆	49	1	49	5 378	4 545	9 692

注：年末累计减年初数减本年新增为本年报废。

各地区太阳能利用情况（二）

地 区	太阳房（万平方米）			户用太阳房（万平方米）			太阳能校舍（万平方米）		
				户用太阳房			太阳能校舍		
	年初数	本年新增	年末累计	年初数	本年新增	年末累计	年初数	本年新增	年末累计
全国总计	**2 060**	**231**	**2 236**	**1 976**	**211**	**2 136**	**62**	**4**	**63**
北 京	29	21	50	29	21	50			
天 津	1		1			…	1		1
河 北	155	5	157	145	5	147	9		9
山 西									
内 蒙 古	120	…	108	120	…	104			
辽 宁	498	27	510	464	24	475	21	3	23
吉 林	287	3	289	283	3	286	4		4
黑 龙 江	362	43	403	355	43	396	7		
上 海		5	5						
江 苏	6	…	6	5	…	5			
浙 江									
安 徽									
福 建									
江 西									
山 东	14	2	15	11	1	12	3	…	3
河 南	2		2	1		1	1	…	1
湖 北									
湖 南		7	7						
广 东	1		1				1		1
广 西	…								
海 南									
重 庆									
四 川	1	1	2	1	1	2			
贵 州									
云 南									
西 藏									
陕 西	4		1	2					
甘 肃	224	25	235	212	21	224	7		7
青 海	330	92	417	329	91	416	1		2
宁 夏	16	…	16	9		9	6		5
新 疆	9		9	9		9			

各地区秸秆能源利用情况（一）

单位：处、万户

地区	秸秆热解气化集中供气					秸秆沼气集中供气				
	年初数	本年新增	年末累计	运行数量数	供气户数	年初数	本年新增	年末累计	运行数量数	供气户数
全国总计	**900**	**77**	**952**	**600**	**21.70**	**273**	**82**	**341**	**294**	**5.69**
北京	130	7	137	96	3.15	2		2	2	0.01
天津	55		55	24	1.17	3		3	2	0.08
河北	31		31	17	0.70	17	3	20	12	0.74
山西	98	9	106	106	3.77	8	3	11	11	1.07
内蒙古	2	1	3	3	0.06	1	1	2	2	0.05
辽宁	273	5	273	54	2.19	1		1	1	
吉林	16	2	17	11	0.21					
黑龙江	43		38	18	0.55	6	1	7	4	0.12
上海										
江苏	150	37	185	177	6.10	21	17	38	29	0.91
浙江	1					26	21	47	46	0.38
安徽	9		6	5	0.27		1	1	1	0.04
福建										
江西						81	17	92	89	0.22
山东	58	8	65	64	2.10	11	0	11	9	0.28
河南	7		6	5	0.09	56	14	63	61	1.29
湖北	10	5	15	12	1.08	1	1	2	1	0.05
湖南										
广东						5	2	6	6	0.21
广西	1					4		4	4	0.07
海南										
重庆							1	1		
四川	2	3	4	4	0.12	2		2	2	0.06
贵州						7		7	7	0.12
云南	6		6	1	0.08					
西藏										
陕西										
甘肃	5		4	2	0.02	1		1		
青海										
宁夏	1		1	1	0.04	20		20	5	
新疆	2					0		0		

注：年末累计减年初数减本年新增为本年报废。

各地区秸秆能源利用情况（二）

单位：处、吨

地区	秸秆固化成型				秸秆炭化			
	年初数	本年新增	年末累计	年产量	年初数	本年新增	年末累计	年产量
全国总计	**512**	**268**	**757**	**3 458 472**	**69**	**10**	**73**	**201 047**
北京	21	2	23	164 720	1			
天津	4		4	20 400	1		1	30
河北	119	28	144	128 645	4		4	11 180
山西	19	5	16	7 300				
内蒙古	1		1	2 000				
辽宁	56	30	83	358 650		1	1	1 200
吉林	3		3	1 600				
黑龙江	87	41	128	602 886	2		2	
上海		1	1	300				
江苏	93	95	187	943 145	2		2	2 500
浙江	11	3	12	40 700	8		8	16 330
安徽	13	7	19	119 230	3		2	470
福建								
江西								
山东	60	38	94	655 810	4		3	5 900
河南	16	2	18	132 080	3	1	4	38 640
湖北	6	10	16	267 120	21	3	22	13 327
湖南		2	2	12 000	16	5	21	110 290
广东								
广西								
海南								
重庆					1		1	1 000
四川	1	3	4	1 556				
贵州								
云南	2		1	250	3		2	180
西藏								
陕西								
甘肃		1	1	80				
青海								
宁夏								
新疆								

各地区小型电源利用情况（一）

地　　区	小型光伏发电					
	年初数		本年新增		年末累计	
	数量（处）	装机容量（千瓦）	数量（处）	装机容量（千瓦）	数量（处）	装机容量（千瓦）
全国总计	**246 297**	**11 411**	**38 996**	**2 566**	**277 173**	**13 562**
北　　京	165 976	6 084	5 289	194	164 510	6 031
天　　津						
河　　北	11 948	768	1 111	70	13 054	837
山　　西						
内 蒙 古	2 603	385	1 310	274	3 820	641
辽　　宁	7 115	736	29 989	1 760	36 604	2 466
吉　　林						
黑 龙 江	880	30	2	5	882	35
上　　海						
江　　苏	401	73	203	19	604	92
浙　　江	316	132	137	32	395	159
安　　徽	98	82	21	68	119	150
福　　建						
江　　西	3	60			3	60
山　　东	461	21	439	18	900	39
河　　南	118	9	1	1	119	10
湖　　北						
湖　　南	1 317	717	61	89	1 377	805
广　　东	3	186			3	186
广　　西						
海　　南	37	61	6	10	40	66
重　　庆						
四　　川						
贵　　州						
云　　南	154	114			124	19
西　　藏						
陕　　西						
甘　　肃	6 734	244	302	22	6 361	253
青　　海	45 466	725			45 466	725
宁　　夏	313	932	100	5	413	937
新　　疆	2 354	51	25		2 379	51

注：年末累计减年初数减本年新增为本年报废。

各地区小型电源利用情况（二）

地区	小型风力发电					
	年初数		本年新增		年末累计	
	数量（台）	装机容量（千瓦）	数量（台）	装机容量（千瓦）	数量（台）	装机容量（千瓦）
全国总计	**111 472**	**33 899**	**2 535**	**1 597**	**112 602**	**35 268**
北京	10	10			10	10
天津						
河北	269	74			261	73
山西	3	6			3	6
内蒙古	85 857	23 831	1 811	470	86 594	24 195
辽宁	43	191	10	50	53	241
吉林	293	32			293	32
黑龙江	2 033	944	93	902	2 076	1 802
上海						
江苏	4 074	2 437	105	110	4 132	2 537
浙江	116	445			116	445
安徽	831	165			823	164
福建	383	546			383	546
江西	28	25			28	25
山东	3 439	1 023	81	29	3 414	1 042
河南	98	13			96	11
湖北	1 440	270			1 440	270
湖南	14	2			14	2
广东	50	99			50	99
广西	1 116	115	8	2	1 124	117
海南	61	73	7	8	63	76
重庆						
四川						
贵州	49	6			49	6
云南	110	87			97	72
西藏						
陕西	80	9			80	9
甘肃	1 786	534			1 704	503
青海	1 308	131			1 308	131
宁夏	2 098	267	10	20	2 098	282
新疆	5 883	2 567	410	6	6 293	2 573

各地区小型电源利用情况（三）

地区	微型水力发电					
	年初数		本年新增		年末累计	
	数量（台）	装机容量（千瓦）	数量（台）	装机容量（千瓦）	数量（台）	装机容量（千瓦）
全国总计	**42 263**	**120 557**	**407**	**2 978**	**36 570**	**105 848**
北京						
天津						
河北						
山西	3	18			3	18
内蒙古						
辽宁						
吉林						
黑龙江						
上海						
江苏						
浙江	215	263			215	263
安徽	23	69			14	43
福建	274	1 989			274	1 989
江西	6 968	12 546	15	27	6 453	11 629
山东	11	67			11	67
河南	21	246			21	246
湖北	47	233			40	209
湖南	2 175	5 235	3	150	1 878	4 940
广东	2 739	21 808			2 724	21 216
广西	15 154	27 682			13 610	22 222
海南	18	175	3	29	21	204
重庆	91	424			85	414
四川	2 894	11 210	29	2 089	97	4 697
贵州	2 596	5 370			2 596	5 370
云南	8 432	17 920	135	130	7 713	16 780
西藏						
陕西	82	4 717	4	368	83	4 830
甘肃	223	1 803	13	185	230	1 928
青海	290	8 780			290	8 780
宁夏						
新疆						

十、农村经营管理情况

全国农村土地承包经营及管理情况

单位：公顷、户、份、个、人

项　　目	数　量	占总体（%）	比上年增减（%）
耕地承包情况			
家庭承包经营的耕地面积	85 156 420		0.25
家庭承包经营的农户数	228 842 901		0.14
家庭承包合同份数	221 665 620		0.28
颁发土地承包经营权证份数	208 177 815		0.38
家庭承包耕地流转情况			
家庭承包耕地流转总面积	15 195 556	100.0	22.10
按流转形式划分			
转包	7 758 053	51.1	20.79
转让	672 736	4.4	7.93
互换	974 467	6.4	52.54
出租	4 113 163	27.1	25.37
股份合作	847 511	5.5	14.32
其他形式	829 627	5.5	12.36
按流转去向划分			
流转入农户的面积	10 277 357	67.6	19.38
流转入专业合作社的面积	2 036 489	13.4	37.87
流转入企业的面积	1 271 927	8.4	26.51
流转入其他主体的面积	1 609 783	10.6	18.87
流转用于种植粮食作物的面积	8 318 191		21.36
流转出承包耕地的农户数	38 767 794		16.74
签订耕地流转合同份数	25 207 883		24.87
签订流转合同的耕地流转面积	9 289 422		31.54
仲裁机构队伍情况			
仲裁委员会数	1 848	100.0	31.50
县级仲裁委员会数	1 608	87.0	17.50
仲裁委员会人员数	19 774	100.0	19.60
农民委员人数	3 844	19.4	10.36
聘任仲裁员数	11 853		4.70
仲裁委员会日常工作机构人数	7 770	100.0	16.04
专职人员数	3 365	43.3	10.22

全国村集体经济组织收益情况

单位：万元、个

项　　目	数　量	占总体（%）	比上年增减（%）
总收入	**33 649 343. 5**	**100. 0**	**10. 44**
经营收入	13 107 198. 3	39. 0	3. 44
发包及上交收入	6 744 010. 6	20. 0	10. 54
投资收益	937 948. 3	2. 8	20. 05
补助收入	5 064 917. 9	15. 0	15. 59
其他收入	7 795 268. 4	23. 2	19. 35
总支出	**23 302 548. 6**	**100. 0**	**10. 21**
经营支出	9 009 758. 2	38. 7	2. 29
管理费用	6 478 109. 5	27. 8	14. 63
干部报酬	2 270 080. 1	9. 7	12. 78
报刊费	140 466. 9	0. 6	6. 28
其他支出	7 814 680. 9	33. 5	16. 90
本年收益	**10 346 794. 9**		**10. 98**
汇入本表村数	**589 185**	**100. 0**	**-0. 64**
当年无经营收益的村	310 361	52. 7	-1. 23
当年有经营收益的村	278 824	47. 3	0. 03
5 万元以下的村	159 302		-5. 28
5 万~10 万元的村	49 737		6. 26
10 万~50 万元的村	45 119		7. 93
50 万~100 万元的村	10 719		10. 78
100 万元以上的村	13 947		13. 56

全国村集体经济组织资产负债情况

单位：万元

项　　目	数　量	占总体（%）	比上年增减（%）
流动资产合计	**86 656 052.4**	**100.0**	**9.63**
货币资金	37 461 861.2	43.2	8.07
短期投资	3 520 592.4	4.1	27.06
应收款项	43 704 442.7	50.4	11.29
存货	1 969 156.1	2.3	-15.72
农业资产合计	**2 614 385.0**	**100.0**	**11.96**
牲畜（禽）资产	562 243.0	21.5	6.71
林木资产	2 052 142.0	78.5	13.49
长期资产合计	**113 035 767.1**	**100.0**	**9.29**
长期投资	13 521 101.4	12.0	8.16
固定资产合计	95 004 497.0	84.0	9.69
当年新购建的	3 803 076.1	3.4	-27.86
固定资产净值	68 199 706.9	60.4	6.50
固定资产清理	712 595.4	0.6	38.51
在建工程	26 092 194.7	23.1	18.28
其他资产	4 510 168.7	4.0	4.55
资产总计	**202 306 204.5**		**9.47**
流动负债合计	**69 681 564.2**	**100.0**	**12.45**
短期借款	11 742 796.1	16.9	28.19
应付款项	56 114 425.3	80.5	10.54
应付工资	977 684.5	1.4	-16.22
应付福利费	846 658.3	1.2	-3.20
长期负债合计	**12 380 148.7**	**100.0**	**5.23**
长期借款及应付款	11 878 186.5	95.9	4.10
一事一议资金	501 962.2	4.1	41.47
所有者权益合计	**120 244 491.6**	**100.0**	**8.25**
资本	34 315 733.6	28.5	2.11
公积公益金	82 977 656.9	69.0	11.07
未分配收益	2 951 101.0	2.5	6.83
负债及所有者权益合计	**202 306 204.5**		**9.47**

全国农民负担情况

单位：万元

项　　目	数　量	占总体（%）	比上年增减（%）
上交集体款项	**2 115 837.6**	**100.0**	**12.6**
一事一议筹资	946 359.3	44.7	30.7
土地承包金	965 979.4	45.7	3.5
共同生产费	65 663.1	3.1	-3.5
建房收费	36 391.9	1.7	-24.8
其他款项	101 443.9	4.8	-3.7
社会负担	**1 407 720.4**	**100.0**	**-0.5**
罚款	21 475.5	1.5	-37.6
集资摊派	16 781.4	1.2	-18.5
道路集资摊派	10 130.3	60.4	-30.9
水利集资摊派	2 946.7	17.6	-14.3
办电集资摊派	878.2	5.2	-23.5
其他集资摊派	2 826.2	16.8	110.8
行政事业性收费	1 369 463.5	97.3	0.7
农民建房收费	85 284.3	6.2	-0.4
外出务工经商收费	82 228.8	6.0	-2.0
农机、摩托车、三轮车和低速载货汽车收费	315 697.1	23.1	-7.7
计划生育收费	822 964.0	60.1	4.5
其他收费	63 289.3	4.6	3.7
村民筹资和以资代劳	**1 617 456.1**		**51.9**
以资代劳	671 096.8	41.5	96.7
一事一议筹劳（万个）	**116 604.2**		**42.4**

十一、农业自然灾害

各地区农业自然灾害情况（一）

单位：千公顷

地　区	总计			旱灾			洪涝灾		
	受　灾	成　灾	绝　收	受　灾	成　灾	绝　收	受　灾	成　灾	绝　收
全国总计	**32 471**	**12 441**	**2 892**	**16 304**	**6 599**	**1 505**	**6 863**	**2 840**	**779**
北　京	56	18	5	2			40	13	4
天　津	8	3	…	3	2		4	2	…
河　北	1 383	528	55	856	372	28	227	88	9
山　西	1 015	545	72	477	263	29	241	102	22
内蒙古	2 037	909	308	1 131	484	129	390	220	130
辽　宁	450	173	50	7			256	117	42
吉　林	616	222	33	252	140	12	58	21	10
黑龙江	1 537	683	100	703	291	30	234	69	11
上　海	24	9	3				17	9	3
江　苏	1 032	333	37	482	241	20	290	58	16
浙　江	431	159	44	4	2		284	132	40
安　徽	1 317	199	39	687	21	3	396	122	30
福　建	133	48	4	56	23	2	9	6	1
江　西	1 075	427	69	518	140	25	447	235	42
山　东	2 117	416	50	1 295	201	17	568	187	30
河　南	1 478	380	27	1 020	211	13	287	92	10
湖　北	2 580	790	143	1 205	408	49	891	253	64
湖　南	2 375	955	291	1 191	470	178	503	226	56
广　东	502	118	34	113	6	3	43	13	3
广　西	1 438	638	61	407	201	21	161	174	13
海　南	517	198	51	33	8	0.7		16	
重　庆	816	281	54	388	152	23	204	81	19
四　川	1 528	721	184	553	300	58	519	263	102
贵　州	2 570	1 364	552	1 823	1 181	487	111	47	16
云　南	1 989	773	260	1 231	592	207	108	33	17
西　藏	18	4	…				5	1	
陕　西	763	292	74	260	97	5	370	166	65
甘　肃	1 267	712	156	916	573	113	102	59	16
青　海	286	42	14	185	19	8	28	14	2.5
宁　夏	435	154	50	367	124	43	9	2	…
新　疆	678	348	73	142	75	2	63	19	8

各地区农业自然灾害情况（二）

单位：千公顷

地　区	风雹灾			台风灾			低温冻灾		
	受　灾	成　灾	绝　收	受　灾	成　灾	绝　收	受　灾	成　灾	绝　收
全国总计	**3 309**	**1 348**	**302**	**1 547**	**364**	**94**	**4 447**	**1 291**	**211**
北　京	14	6	2						
天　津	2								
河　北	261	60	18				40	8	1
山　西	193	129	21				105	50	2
内蒙古	346	184	45				169	22	4
辽　宁	42	16	1	120	32	8	26	8	
吉　林	108	38	3				199	24	9
黑龙江	519	297	57				81	26	1
上　海				7					
江　苏	205	16		53	17	1	3		
浙　江	1			15	4	1	127	22	3
安　徽	89	23	5				145	33	
福　建	1.5	…	…	50	17	2	17	2	
江　西	9	2					100	51	2
山　东	107	18	2	127	8	1	21	1	
河　南	146	75	5				24	2	
湖　北	161	39	12				323	90	19
湖　南	21	11	2				660	248	56
广　东	6	4	…	287	66	19	54	30	9
广　西	5	1	…	435	56	12	430	207	15
海　南				454	165	50	29	9	
重　庆	17	4	2				207	43	10
四　川	95	28	3				361	130	21
贵　州	84	36	22				552	100	28
云　南	141	49	9				510	99	27
西　藏	10	2					3	1	…
陕　西	127	29	3				6	…	
甘　肃	201	55	23				48	25	4
青　海	66	9	3				7		
宁　夏	55	25	5				5	3	1
新　疆	279	194	61				195	59	2

各地区农作物病虫草鼠害发生、防治面积及损失情况（一）

地　区	发生面积（千公顷次）	防治面积（千公顷次）	挽回损失（吨）			
			粮　食	棉　花	油　料	其　他
全国总计	**473 711**	**554 813**	**91 410 269**	**1 898 878**	**3 371 093**	**77 329 972**
北　京	1 391	1 365	181 734		3 511	110 334
天　津	1 795	1 727	158 743	14 352	282	342 885
河　北	40 600	38 235	4 043 698	432 210	138 713	4 835 857
山　西	11 865	10 779	1 616 242	22 578	10 435	3 105 321
内蒙古	12 641	11 209	2 999 607		130 019	1 024 954
辽　宁	12 549	13 081	2 449 281	62	82 936	3 920 916
吉　林	11 648	12 171	4 789 826	18	15 176	190 126
黑龙江	23 496	24 751	6 371 058		7 390	445 892
上　海	2 538	3 611	487 502		4 941	307 693
江　苏	33 877	59 133	8 825 748	45 963	211 356	3 002 428
浙　江	13 443	18 826	2 432 930	8 761	55 835	3 291 575
安　徽	24 025	29 591	5 262 482	88 750	196 893	1 752 900
福　建	4 694	6 260	821 690		24 980	626 557
江　西	13 609	20 534	4 476 922	28 794	21 773	5 648 944
山　东	47 698	49 952	8 518 258	349 068	526 494	15 797 157
河　南	41 853	45 190	6 883 000	92 247	521 987	3 312 469
湖　北	21 184	32 021	4 664 945	189 968	343 293	1 791 656
湖　南	39 990	50 160	8 556 293	82 226	325 863	3 259 420
广　东	21 817	29 113	4 407 889		183 855	6 639 568
广　西	17 310	17 601	2 922 613		50 407	8 276 421
海　南	2 484	2 428	404 795		8 022	787 980
重　庆	6 044	5 112	1 015 009		34 647	665 824
四　川	15 492	20 841	3 074 508	3 373	204 113	1 624 341
贵　州	5 594	4 979	1 085 947		49 401	96 958
云　南	8 177	11 642	1 424 573		44 190	1 318 073
西　藏						
陕　西	15 535	13 726	1 257 981	31 863	41 745	1 713 977
甘　肃	8 710	8 001	804 040	25 805	33 857	1 105 265
青　海	1 116	1 018	84 244		35 697	127 344
宁　夏	2 600	2 556	528 846		15 479	657 988
新　疆	9 937	9 201	772 136	171 182	42 657	1 070 993

注：以下各表由全国农业技术推广服务中心提供。

各地区农作物病虫草鼠害发生、防治面积及损失情况（二）

地　区	实际损失（吨）			
	粮　食	棉　花	油　料	其　他
全国总计	**18 614 512**	**493 928**	**857 804**	**14 834 051**
北　京	31 832		447	26 884
天　津	50 738	6 523	83	119 996
河　北	800 590	118 616	26 444	888 844
山　西	296 368	4 256	2 220	813 912
内蒙古	614 823		44 724	214 090
辽　宁	960 797	24	24 748	917 522
吉　林	1 570 664	16	3 301	36 537
黑龙江	1 862 910		2 195	146 623
上　海	19 907		247	106 097
江　苏	707 715	8 902	39 609	395 702
浙　江	178 879	6 311	7 988	457 337
安　徽	1 314 690	25 508	52 838	506 339
福　建	124 032		4 865	133 788
江　西	454 989	7 672	6 851	1 039 059
山　东	1 869 762	67 805	123 916	3 040 584
河　南	1 676 522	30 169	164 579	747 296
湖　北	752 145	55 223	81 637	352 386
湖　南	841 147	18 861	52 986	459 392
广　东	831 266		38 598	890 461
广　西	397 768		9 313	1 138 434
海　南	144 222		3 360	196 988
重　庆	275 633		13 385	176 856
四　川	501 412	407	41 228	272 027
贵　州	425 511		29 343	48 559
云　南	281 647		11 359	293 598
西　藏				
陕　西	555 225	7 303	15 405	394 911
甘　肃	289 584	4 325	14 684	241 650
青　海	50 553		18 661	49 700
宁　夏	274 419		8 434	162 786
新　疆	447 242	85 210	12 956	524 954

各地区农作物病虫害发生、防治面积及损失情况（一）

地　区	发生面积（千公顷次）	防治面积（千公顷次）	挽回损失（吨）			
			粮　食	棉　花	油　料	其　他
全国总计	**355 687**	**437 928**	**63 620 572**	**1 592 557**	**2 328 322**	**66 580 252**
北　京	1 009	992	92 277		2 841	105 884
天　津	1 233	1 179	71 559	10 454	174	324 749
河　北	32 294	30 851	2 808 647	385 498	89 794	4 375 997
山　西	9 320	8 334	1 202 421	21 380	8 877	2 624 793
内蒙古	7 225	6 398	1 882 115		60 875	928 871
辽　宁	9 570	9 470	1 609 307	62	65 863	3 794 533
吉　林	6 204	6 881	2 285 171	18	7 361	153 278
黑龙江	14 231	16 129	2 111 694		3 422	354 855
上　海	2 295	3 321	316 876		1 494	307 693
江　苏	27 753	52 031	6 378 145	37 668	127 452	2 792 935
浙　江	11 397	16 348	1 958 662	7 527	33 508	2 807 424
安　徽	17 590	22 861	3 373 026	65 694	89 148	1 245 104
福　建	3 609	5 032	642 359		20 192	585 704
江　西	10 192	18 035	4 310 426	27 041	13 517	5 578 791
山　东	37 617	40 241	5 868 488	289 251	416 395	13 041 595
河　南	33 987	37 709	5 327 171	81 638	436 521	2 989 528
湖　北	17 499	27 955	4 062 768	175 325	241 407	1 583 118
湖　南	32 247	42 199	6 971 412	67 062	207 770	2 882 892
广　东	16 462	22 232	3 252 442		141 244	5 982 147
广　西	11 675	12 514	1 820 808		28 467	5 731 874
海　南	1 795	1 753	255 967		5 483	721 811
重　庆	4 066	3 691	755 323		22 175	588 845
四　川	9 738	14 543	2 162 285	2 969	119 181	1 434 587
贵　州	3 836	3 406	910 204		36 096	62 876
云　南	5 246	8 110	945 013		33 299	1 143 166
西　藏						
陕　西	12 052	10 865	848 638	30 296	31 151	1 438 708
甘　肃	6 147	5 840	589 504	19 349	27 530	1 012 115
青　海	622	566	45 147		24 415	115 230
宁　夏	1 944	2 020	373 069		10 445	598 242
新　疆	2 566	2 586	353 368	120 055	19 031	941 270

各地区农作物病虫害发生、防治面积及损失情况（二）

地区	实际损失（吨）			
	粮食	棉花	油料	其他
全国总计	**13 591 830**	**439 699**	**673 289**	**13 004 275**
北京	23 742		401	26 694
天津	33 636	5 647	75	115 521
河北	618 564	112 878	21 868	771 055
山西	214 493	3 869	1 779	769 954
内蒙古	446 169		34 857	194 301
辽宁	837 053	24	22 761	893 578
吉林	989 603	16	2 229	28 591
黑龙江	1 114 269		1 484	123 600
上海	14 101		75	106 097
江苏	553 166	7 717	29 407	379 686
浙江	141 629	6 228	5 995	429 000
安徽	890 715	21 346	31 500	383 343
福建	100 670		4 218	126 710
江西	350 670	6 983	2 412	1 009 047
山东	1 318 364	55 993	107 746	2 388 180
河南	1 418 480	28 322	145 645	667 635
湖北	653 327	51 758	66 138	328 213
湖南	708 949	16 548	36 458	409 108
广东	564 942		30 207	811 005
广西	244 336		6 090	914 033
海南	112 929		2 623	187 398
重庆	157 035		8 979	148 458
四川	299 049	352	23 897	230 045
贵州	360 896		21 820	34 213
云南	181 865		8 622	262 465
西藏				
陕西	414 377	6 956	12 891	348 852
甘肃	222 737	3 491	12 458	224 287
青海	31 598		14 425	46 817
宁夏	231 569		5 553	149 720
新疆	335 784	67 725	9 540	464 765

各地区农田草害发生、防治面积及损失情况（一）

地　　区	发生面积（千公顷次）	防治面积（千公顷次）	挽回损失（吨）			
			粮　食	棉　花	油　料	其　他
全国总计	**90 616**	**95 646**	**23 027 990**	**306 321**	**1 042 771**	**10 749 720**
北　　京	211	183	65 358		670	4 450
天　　津	330	399	54 346	3 897	107	18 136
河　　北	6 724	6 589	1 001 085	46 712	48 919	459 860
山　　西	1 877	1 998	295 919	1 197	1 558	480 528
内 蒙 古	4 488	4 252	1 013 111		69 144	96 083
辽　　宁	2 074	2 822	722 237		17 073	126 383
吉　　林	3 233	3 958	2 104 746		7 815	36 848
黑 龙 江	6 399	7 221	4 093 502		3 968	91 037
上　　海	182	230	166 126		3 447	
江　　苏	5 414	6 586	2 386 912	8 294	83 904	209 494
浙　　江	1 636	1 982	394 089	1 234	22 327	484 150
安　　徽	5 684	6 257	1 798 452	23 056	107 746	507 796
福　　建	773	938	110 373		4 789	40 853
江　　西	2 253	2 019	25 212	1 752	8 256	70 152
山　　东	8 784	8 588	2 390 050	59 818	110 099	2 755 562
河　　南	7 348	7 094	1 494 202	10 608	85 466	322 941
湖　　北	2 942	3 356	533 728	14 643	101 886	208 539
湖　　南	5 962	6 151	1 085 534	15 164	118 093	376 528
广　　东	3 254	4 349	541 328		42 611	657 421
广　　西	4 001	3 634	501 911		21 940	2 544 547
海　　南	429	424	86 372		2 539	66 169
重　　庆	1 251	982	139 219		12 472	76 979
四　　川	3 989	4 788	517 572	404	84 932	189 754
贵　　州	1 211	1 082	90 034		13 306	34 081
云　　南	2 195	2 469	330 096		10 891	174 907
西　　藏						
陕　　西	2 677	2 325	326 729	1 567	10 594	275 270
甘　　肃	1 881	1 623	160 857	6 456	6 327	93 150
青　　海	309	316	30 100		11 282	12 115
宁　　夏	608	519	147 251		5 034	59 745
新　　疆	917	835	387 630	51 127	23 626	129 723

各地区农田草害发生、防治面积及损失情况（二）

地区	实际损失（吨）			
	粮食	棉花	油料	其他
全国总计	**3 216 342**	**54 230**	**184 515**	**1 829 776**
北京	4 524		46	190
天津	7 502	876	8	4 476
河北	146 092	5 738	4 576	117 789
山西	53 481	387	441	43 959
内蒙古	139 165		9 867	19 789
辽宁	49 480		1 987	23 944
吉林	187 382		1 072	7 946
黑龙江	544 035		712	23 022
上海	5 551		172	
江苏	138 215	1 185	10 202	16 016
浙江	25 470	83	1 994	28 337
安徽	372 277	4 162	21 337	122 996
福建	11 278		647	7 078
江西	2 236	689	4 439	30 012
山东	468 204	11 812	16 169	652 405
河南	237 992	1 847	18 934	79 660
湖北	70 987	3 465	15 499	24 173
湖南	98 696	2 313	16 528	50 284
广东	70 103		8 390	79 455
广西	44 575		3 223	224 402
海南	14 216		736	9 590
重庆	45 044		4 406	28 398
四川	95 448	55	17 331	41 982
贵州	31 327		7 523	14 346
云南	73 334		2 737	31 133
西藏				
陕西	102 260	347	2 514	46 059
甘肃	43 843	835	2 226	17 363
青海	11 650		4 236	2 883
宁夏	33 949		2 881	13 067
新疆	85 018	17 485	3 416	60 189

各地区农田鼠害发生、防治面积及损失情况

地　区	发生面积（千公顷次）	防治面积（千公顷次）	挽回损失（吨）	实际损失（吨）
全国总计	**24 029**	**18 197**	**4 106 154**	**1 675 680**
北　京	170	189	24 094	3 518
天　津	165	105	32 838	9 600
河　北	1 274	602	163 001	25 735
山　西	614	403	93 804	21 987
内蒙古	927	559	104 381	29 489
辽　宁	882	772	104 338	67 401
吉　林	2 210	1 331	399 908	393 679
黑龙江	2 867	1 400	165 862	204 606
上　海	60	60	4 500	255
江　苏	556	405	50 363	14 481
浙　江	410	495	80 179	11 779
安　徽	652	405	79 328	46 444
福　建	250	228	56 604	9 548
江　西	1 134	440	141 000	102 001
山　东	775	661	182 889	54 470
河　南	239	184	29 297	8 974
湖　北	617	523	60 386	24 926
湖　南	1 575	1 622	440 661	29 878
广　东	1 495	1 799	476 090	177 473
广　西	1 292	1 139	463 807	96 384
海　南	148	142	36 287	11 718
重　庆	685	421	114 702	71 905
四　川	1 628	1 403	386 671	103 990
贵　州	538	483	85 406	33 174
云　南	679	1 000	140 298	24 125
西　藏				
陕　西	725	479	70 915	31 333
甘　肃	681	537	53 584	22 984
青　海	185	136	8 964	7 295
宁　夏	48	17	8 526	8 901
新　疆	233	153	30 814	26 381